ALTDEUTSCHE TEXTBIBLIOTHEK

Begründet von Hermann Paul †
Fortgeführt von Georg Baesecke †
Herausgegeben von Hugo Kuhn
Nr. 56

Der guote Gêrhart

von

Rudolf von Ems

herausgegeben

von

John A. Asher

MAX NIEMEYER VERLAG / TÜBINGEN 1962

Alle Rechte,
auch das der Übersetzung in fremde Sprachen, vorbehalten
Copyright by Max Niemeyer Verlag, Tübingen 1962
Printed in Germany
Satz und Druck: H. Laupp jr, Tübingen

FRIEDRICH RANKE

zum Zeichen des Gedenkens

Einleitung

Der Text des *guoten Gêrhart* hat eine sonderbare Geschichte. Der erste und bisher einzige Herausgeber, Moriz Haupt, hat die Handschriften niemals selbst gesehen[1]. Er konnte nur Abschriften benutzen, die von anderen gemacht waren, und deren Fehlerhaftigkeit seinem Text und Variantenapparat großen Schaden brachte. Den späteren textkritischen und reimtechnischen Untersuchungen nicht nur Haupts, sondern auch Lachmanns, Pfeiffers, Wackernagels, Junks, Zwierzinas, Edward Schröders, Leitzmanns, Bormanns und Ingeborg Dangls wurde, soweit man sehen kann, ausschließlich der gedruckte Text Haupts zugrunde gelegt. Nur Anton Schönbach scheint die Fehlerhaftigkeit von Haupts Abschriften erkannt zu haben: «Es ist wunderlich, feststellen zu müssen, daß doch eine ziemliche zahl nicht ganz unwichtiger versehen und verlesungen in der von Haupt gebrauchten abschrift übrig geblieben sind: auch wo in den lesarten ausdrücklich angegeben wird, es stehe oder fehle etwas bestimmt in der hs., verhält es sich oft nicht so. Von der schuld wird Haupt selbst wol freigesprochen werden müssen, dessen abschriften und collationen in der regel zuverlässig waren... man wird den umstand verantwortlich machen, dass Haupt bei der textgestaltung nur die copie vor sich hatte, das original jedoch niemals zu gesicht bekam.»[2] Schönbach stellt 256 Abweichungen zusammen, die eine Kollation der Handschrift A mit dem Texte und dem Variantenapparat Haupts ergab. Aber auch Schönbach hat nur die eine Handschrift durchgesehen und diese nur flüchtig: Seine Liste enthält nur eine Handvoll der nötigen

---

[1] s. *Vorrede*. S. v.   [2] Beitr. 33. S. 187.

Korrekturen und er macht selber Fehler (z. B. 3012 *chintlichem* statt *kintlichem;* 3552 *inunbekant* statt *irunbekant*)[3].

Die obengenannten Textkritiker sind die einzigen, die den Text untersucht haben. Die von Edward Schröder schon 1903[4] als nahe bevorstehend angekündigte neue Auflage von Haupts Edition ist niemals erschienen. Die Auswahl Theodor Kochs' enthält nur einen Auszug aus dem Text Haupts. Das 1959 erschienene Werk Karl Tobers ist eine freie Übertragung von Haupts Text ohne Bezugnahme auf die Handschriften.

Den vorliegenden Text habe ich, ohne Rücksicht auf Haupts Edition, aus Mikrofilmen und Photokopien der beiden Handschriften ausgearbeitet. Ich hielt es aber für nötig, wesentliche Abweichungen von Haupts Text in meinem Variantenapparat zu verzeichnen. Die kleineren orthographischen Fehler Haupts und die große Anzahl von ungenauen oder ganz falschen Lesarten in seinem Variantenapparat (zirka ein Viertel des ganzen) konnten unberücksichtigt bleiben. Trotz dieser Mängel sei betont, daß Haupts Edition unter den Umständen, unter denen er arbeitete, als eine große wissenschaftliche Leistung angesehen werden muß: Selten in der Geschichte der Textkritik ist es möglich gewesen, aus so schlechten Abschriften einen so lesbaren und vielfach so genauen Text auszuarbeiten. Manchmal hat Haupt sogar falsche Lesarten verworfen, die in seinen Abschriften standen, und ist durch Konjekturalkritik auf die richtige Form gekommen, die, wie er nicht wußte, tatsächlich in den Handschriften stand.

Die Handschriften

A = Österreichische Nationalbibliothek, Wiener Codex 2699 [Nov. 420], Pergament, 14.Jh. (1. Hälfte), gotische Buchschrift. Die Handschrift enthält 48 Blätter: den *guoten Gêrhart* ohne Überschrift von Blatt 1 bis Blatt 46°, das Gedicht Nikolaus Schlegels mit der Überschrift *ditz ist von gotz lichnam* von Blatt 46[d] bis Blatt 48°. Hinter Blatt 19

---

[3] a.a.O. S. 189.   [4] Beitr. 29. S. 197.

(V. 2639) und 33 (V. 4827) fehlen je 2 Blätter, die innersten der Lagen.

B = Österreichische Nationalbibliothek, Wiener Codex 2793 [Philol. 44], Papier, 15.Jh. (um 1475), gotische Eilschrift[5].

A bietet im großen und ganzen eine höchst zuverlässige Überlieferung und bildet die Grundlage meines Textes wie auch des Hauptschen. A ist sorgfältig geschrieben und auch mehr als einmal korrigiert worden. Sie ist aber keineswegs frei von Verderbnissen; manchmal weist sie sogar Wort- und Zeilenverluste auf. In vereinzelten Fällen zeigt sich der Schreiber von A sogar fähig, Sinnloses zu schreiben (z.B. 6613).

Von B hatte Haupt, nicht ohne Grund, eine sehr schlechte Meinung: «ich kenne keine handschrift deren fehler so oft bis zu völligem unsinne gehen... dennoch verdiente sie zuweilen den vorzug und an manchen stellen mag sie dem echten näher stehen als mein text, aber ohne noth durfte ich von der älteren überlieferung nicht abweichen und einem schreiber vertrauen der allzu oft sich mit sinnlosem begnügt oder unverstandenes willkürlich ändert.»[6] B ist aber für die Textgestaltung von viel größerem Wert, als Haupt auf Grund seiner Abschrift ahnen konnte: B ergibt immer wieder wertvolle Verbesserungen des Textes hinsichtlich des Sinnes, der Metrik und sogar der Orthographie.

Mein Text ist um 8 Verse kürzer als der Hauptsche. Die 2 Verse nach 1673 sind nicht in B, entsprechen dem Sprachgebrauch des Dichters nicht und enthalten nur eine sinnlose Wiederholung. Die zwei Verse in B nach 4884 verraten sich durch ihren schlechten grammatischen und metrischen Bau, durch ihre matte

---

[5] Eine genauere Beschreibung der Handschriften findet sich in dem Katalog Hermann Menhardts, *Verzeichnis der altdeutschen literarischen Handschriften der Österreichischen Nationalbibliothek*, Bd. 1. Berlin 1960. S. 134–135, 302–303.

[6] *Vorrede*. S. vii.

Wiederholung und Sinnlosigkeit als Einschiebsel des Schreibers[7]. Die 4 Verse in B nach 5288 sind auch als unecht zu erkennen, nicht nur weil der Wirt, der Gerhard *e wol erkannt* sein sollte, ihm vollkommen unbekannt sein mußte, sondern vor allem weil die Annahme dieser Verse mich aus reimtechnischen Gründen gezwungen hätte (wie auch Haupt gezwungen wurde), einen viel sinnvolleren Vers in A zu tilgen: *Do waz mir vil harte gach* (5289).

Die «Lücke» nach V. 2849

Haupt war der Meinung, daß die erste Lücke der älteren Handschrift, wo zwei Blätter fehlen, durch die entsprechenden 270 Verse in B nicht vollständig ergänzt wurde: «zwischen 2641 und 2912 [2639 und 2910 nach meiner Numerierung] müssen in A, wenn der regel nach auf jeder spalte 35 verse standen, 280 verse fehlen; in B sind also ungefähr zehn nach 2851 [2849] übersprungen.»[8] Nach 2849 läßt also Haupt eine halbe Seite leer, um die Stelle, wo seiner Meinung nach etwas fehlen soll, zu bezeichnen. Die späteren Forscher (auch Menhardt[9]) stimmen mit Haupt darin überein.

Es besteht aber meiner Meinung nach kein Zweifel, daß die betreffenden 270 Verse in B die Lücke in A vollständig ergänzen. Auf vielen Spalten in A stehen weniger als 35 Verse, z. B. auf Blatt 19 (gerade vor der betreffenden Lücke in A): 33, 33, 34, 34; auf Blatt 20: 34, 30, 29, 32; auf Blatt 21: 32, 32, 32, 32; auf Blatt 22: 32, 32, 35, 35; auf Blatt 23: 35, 35, 35, 35; usw. Es ist also so gut wie sicher, daß die Verse auf den zwei verlorenen Blättern in A den 270 Versen in B zahlenmäßig entsprechen.

Die Verse vor und nach der «Lücke» im Text hängen auch inhaltlich vollkommen zusammen und sind ohne weiteres verständlich. Die scharfe und ziemlich grobe Frage von Gerhards Frau: *«wie ist sî danne worden dir?»* (2848) erhält von Gerhard eine ebenso scharfe Antwort:

---

[7] s. auch Haupt-Pfeiffer, ZfdA. 3. S. 277.
[8] *Vorrede*. S. vii.   [9] a.a.O. S. 302.

⟨*daz sag ich dir vil wol:*
sich, niemen unbilden sol
der mîne vriuntschaft welle hân.⟩   (2849–2851)

Es ist auch nicht nötig, 2849–2851 weitgehend zu emendieren. Ich habe zwar mit Lachmann[10] das offensichtlich verderbte *vnbillich* in *unbilden* geändert. Aus dem *Das* in 2851 habe ich ein *der* gemacht und nach *sich* in 2850 (trotz Lachmann[10]) ein Komma gesetzt. Es ist aber überhaupt nicht nötig, 2849 zu ändern, wie es Pfeiffer, Bormann und auch Haupt selber gemacht haben: *vrowe, daz sage ich dir vil wol* (Pfeiffer[11]); *wîp, daz sagich dir vil wol* (Bormann[12]); *daz gesage ich dir vil wol* (Haupt[13]) (die beste von allen drei Emendationen, obgleich das Verbum *gesagen* sich nirgends im ganzen Gedicht findet). Aber die fehlende Senkung zu ersetzen ist nicht nötig: Der Vers hat metrische Parallelen an anderen Stellen des Gedichts, z. B. 2769, 4527, 5235.

Orthographie

Obgleich der vorliegende Text sich im großen und ganzen eng an die Orthographie der älteren Handschrift anschließt, habe ich in gewissen Fällen keine Bedenken getragen, B zu folgen, z. B. mit B in jedem Falle *hinnen* statt *hinnan* (vgl. den Reim 2199.2200 *hinnen:gewinnen*); und gleichfalls mit B immer *ritter*, statt mit A bald *riter* bald *ritter* – um nur zwei einfache Beispiele zu geben.

Eine rein orthographische Normalisierung habe ich mir in gewissen Fällen erlaubt. Es ist also z. B. *ai* durch *ei; e* wo notwendig durch entweder *ä* oder *œ; cht* durch *ht; k* im Auslaut durch *c; pf* im Anlaut durch *ph; tz* durch *z* wiedergegeben, was in den meisten Fällen mindestens mit einer Handschrift übereinstimmt. Auch die Schreibung von Lauten, die oft vertauscht werden, z. B. *s* und *z* im Auslaut; *v* und *f; v* und *u; j* und

---

[10] s. Haupt, ZfdA. 1. S. 200.   [11] s. Haupt, ZfdA. 3. S. 276.
[12] a. a. O. S. 57.   [13] ZfdA. 3. S. 276.

i ist geregelt worden in Übereinstimmung mit dem häufigen aber nicht ausnahmslosen Gebrauch in den Handschriften. Graphisch erspartes *u* vor und nach *w* ist ergänzt. Abkürzungen (z. B. *ñ* = *en*) sind aufgelöst. Wie in fast allen Fällen in beiden Handschriften schreibe ich immer (außer im Reim) *b* im Auslaut nach *a, o, ou, uo*, z. B. *gab, lob, geloub, huob*. Formen wie *lobt ich, begund er, möht ez* sind ebenso wie regelmäßig in den Handschriften getrennt geschrieben und nicht, wie Bormann[14] vorgeschlagen hat, inkliniert *(lobtich, begunder, möhtez)*. Die Abschnittgliederung ist fast überall mit der in A und B identisch; sonst wird die Abweichung im Variantenapparat verzeichnet. Die Interpunktion, die übrigens vielen Stellen eine andere Bedeutung gibt als die Haupts, wird hoffentlich den Lesern das Verständnis des Gedichts erleichtern.

Formen

Der hsl. meist nicht unterschiedene Dat. und Akk. Pl. des Personalpronomens der 2. Person ist durch *iu* bzw. *iuch* wiedergegeben. Wiederhergestellt ist die in beiden Handschriften (vor allem in B) vielfach zu -*e* abgeschwächte Endung -*iu*.

Wenn eine grammatische Form in meinem Text den Lesarten in beiden Handschriften nicht entspricht, ist sie durch Lesarten an anderen Stellen der Handschriften gerechtfertigt (z. B. *sult*, s. Variantenapparat, 3801).

Metrik

Die vielen metrischen Unterschiede zwischen meinem Text und dem Hauptschen beruhen vor allem auf seiner Einstellung dem syn- und apokopierten *e* gegenüber. In fast jedem möglichen Falle hat Haupt ein «fehlendes» *e* ergänzt, auch wo das betreffende *e* weder in A noch in B vorhanden war. Auch in anderen Fällen haben Herausgeber mittelhochdeutscher Texte syn- und apokopierte *e*-Laute ergänzt, und zwar durchaus mit Recht:

---

[14] a. a. O. S. 18.

XIII

Der Wortlaut ihrer Handschriften rechtfertigte weitgehende metrische Verbesserungen von seiten des Herausgebers. Für den *guoten Gêrhart* ist aber ein solches Verfahren unnötig und kann auch vom metrischen Standpunkt höchst gefährlich werden. Zur Illustration einige Beispiele (Verse, in denen Haupt dem betreffenden Wort ein Endungs-*e*, das in beiden Handschriften fehlt, zusetzt und auf diese Weise der Metrik Schaden zufügt): 621 *(gote)*; 888 *(sage)*; 1336 *(manliche)*; 1383 *(wære)*; 5124 *(himele)*; 6087 *(vergœze)*; 6519 *(wære)*; und viele andere.

Wenn ein Vers in beiden Handschriften rhythmisch übereinstimmt und auch für seine Metrik Parallelen in anderen Stellen des Gedichts zu finden sind, so habe ich die hsl. Metrik akzeptiert, auch wo sie den metrischen «Regeln» Bormanns und anderer widerspricht. Jeden Vers des Gedichts habe ich metrisch geprüft. Wenn mein Text Verse enthält, die den «Regeln» anderer widersprechen, ist ihre Metrik doch meiner Ansicht nach auf historischer Realität gegründet.

Die einzigen Fälle, in denen ich ein *e*, das in beiden Handschriften fehlt, je nach den rhythmischen Erfordernissen ergänzt habe, sind *unde* statt *vn̄*, *vnnd* usw.; *umbe* statt *umb*; *gerne* statt *gern*. Sonderfälle sind alle im Variantenapparat verzeichnet.

Haupt und Bormann haben sich bemüht zu zeigen, daß Rudolf zwei- und dreisilbige Auftakte vermeidet[15]. Ich kann mich nicht der Meinung von Bormann anschließen, daß das Gedicht «jedem Scheine von dreisilbigem Auftakt ausweicht»[16]. Verse wie z.B. 802 sind meiner Ansicht nach ohne Zweifel echt, da die hsl. Überlieferung und der Sprachgebrauch des Dichters ihre Richtigkeit gewährleisten. Haupt und Bormann haben auch nicht erkannt, daß Rudolf an gewissen Höhepunkten seiner Dichtung, z.B. an Stellen religiöser Intensität, seine Metrik ändert.

Möge mein Text zu neuen Forschungen in bezug auf die Metrik des *guoten Gêrhart* führen!

---

[15] Haupt, ZfdA. 1. S. 201 und Bormann, a.a.O. S. 62–69.
[16] a.a.O. S. 66.

Variantenapparat

Den Variantenapparat mußte ich aus Raumgründen auf ein Minimum beschränken: Er enthält nur die wichtigen Abweichungen von meinem Text. Wenn nur eine Lesart aus Haupt (H.) angeführt wird, so bedeutet dies, daß meine Lesart mit beiden Handschriften übereinstimmt. Die späteren Emendationsvorschläge von Haupt selber, Lachmann, Pfeiffer, Wackernagel, Junk, Schröder, Leitzmann, Bormann und anderen, die alle kritisch gesichtet worden sind, erscheinen im Apparat nur wenn sie zur Textgestaltung etwas beigetragen haben. Wenn die Unterschiede zwischen zwei Lesarten rein orthographisch sind, z. B. 5329 *eberwige* A, *Eberwige* H., wird nur eine Lesart im Apparat verzeichnet: 5329 *eberwige* AH. Abkürzungen wie z. B. ē,^{8} sind im Apparat aufgelöst außer in Zweifelsfällen, in denen die unaufgelöste Form wiedergegeben ist.

*

Die Herausgabe des *guoten Gêrhart* geht zurück auf eine Anregung, die mein verehrter Lehrer und Freund, Friedrich Ranke, im Jahre 1947 gab. Es war 13 Jahre später als der verehrte Herausgeber der *Altdeutschen Textbibliothek* bei seiner Anwesenheit in Neuseeland diese Anregung erneut aufgriff. Ich hoffe, daß das Gedicht in der jetzt vorliegenden Gestalt zu erneutem Interesse an Rudolf von Ems führen wird, denn *der guote Gêrhart* ist, wie Hermann Schneider einmal mit Recht sagte[17], «eine der liebenswürdigsten und feinst abgetönten Dichtungen deutscher Zunge».

Auckland, den 29. Dezember 1961   John Asher

---

[17] a.a.O. S. 348

Bibliographie

Helmut de Boor und Richard Newald, *Geschichte der deutschen Literatur*, Bd. 2. München 1953. 176 ff.

Gertrud Borck, *Wortwiederholung in Rudolfs von Ems «der gute Gerhard» und «Barlaam und Josaphat»*. Greifswald 1932.

Karl Bormann, *Die Metrik im «Guten Gerhard» des Rudolf von Ems*. Halle 1923.

Ingeborg Dangl, *Rudolf von Ems «Der gute Gerhard». Reimtechnische und metrische Untersuchungen*. Diss. Wien 1948.

August Dobbertin, *«Der gute Gerhard» von Rudolf von Ems in seiner Bedeutung für die Sittengeschichte*. Diss. Rostock 1889.

Gustav Ehrismann, *Studien über Rudolf von Ems. Beiträge zur Geschichte der Rhetorik und Ethik im Mittelalter*. HSB. 1919.

Gustav Ehrismann, *Geschichte der deutschen Literatur bis zum Ausgang des Mittelalters*, Schlußbd. München 1935. 23 ff.

Gustav Ehrismann, *Rudolf von Ems*. Verfasserlexikon, Bd. 3 (1943).

Victor Junk, *Zum Reimgebrauch Rudolfs von Ems*. Beitr. 27 (1902). 446–503.

Ludwig Kahn, *Rudolf von Ems' Der gute Gerhard. Truth and Fiction in Medieval Epics*. German ic Review 14 (1939). 208–214.

Theodor Kochs, *Rudolf von Ems. Auswahl*. Göttinger Lesebogen, Heft 5. 1949.

Reinhold Köhler, *Kleinere Schriften zur Märchenforschung. Die dankbaren Toten und der gute Gerhard*. Weimar 1898.

Friedrich Krüger, *Stilistische Untersuchungen über Rudolf von Ems als Nachahmer Gottfrieds von Straßburg*. Progr. Lübeck 1896.

Hugo Kuhn, *Minnesangs Wende*. Tübingen 1952. 148 ff.

Hermann Schneider, *HeldendichtungGeistlichendichtungRitterdichtung*[2]. Heidelberg 1943. 346 ff.

Edward Schröder, *Zum Reimgebrauch Rudolfs von Ems*. Beitr. 29 (1904). 197–200.

Edward Schröder, *Rudolf von Ems und sein Literaturkreis*. ZfdA. 67 (1930). 209–251.

Ernst Schwarzinger, *Reim- und Wortspiele bei Rudolf von Ems*. Diss. Wien 1933.

Friedrich Sengle, *Die Patrizierdichtung «Der gute Gerhard»*. Dtsche Vjschr. 24 (1950). 53–82.

Karl Simrock, *«Der gute Gerhard» und die dankbaren Todten*. Bonn 1856.

Karl Tober und Eugen Thurnher, *Rudolf von Ems, Der gute Gerhard* übertragen von K. T., herausgegeben und eingeleitet von E. T. Bregenz [1959].

Ludwig Wolff, *Rudolf von Ems*. Verfasserlexikon, Bd. 5 (1955).

Konrad Zwierzina, *Zum Reimgebrauch Rudolfs von Ems*. Beitr. 28 (1903). 425–453.

John Asher, *«Der gute Gerhard» Rudolfs von Ems in seinem Verhältnis zu Hartmann von Aue*. Basel 1948.

Textkritische Beiträge finden sich bei:

Moriz Haupt, ZfdA. 1. 199–201; 15. 249; Moriz Haupt-Franz Pfeiffer, ZfdA. 3. 275–278; Edward Schröder, ZfdA. 43. 332; Albert Leitzmann, ZfdPh. 43. 317–318; Anton Schönbach, Beitr. 33. 186–190.

Karl Bormanns Werk (s. oben) enthält Emendationen Victor Junks.

Verwendete Siglen

A   = Wiener Codex 2699
B   = Wiener Codex 2793
H. = Rudolf von Ems, *Der gute Gerhard* herausgegeben von Moriz Haupt. Leipzig 1840.
HZ. = Moriz Haupt, *Zum Guten Gerhard* (enthält Emendationen Karl Lachmanns und Wilhelm Wackernagels). ZfdA. 1. 199 bis 201.

Swaz ein man durch guoten muot
ze guote in guotem muote tuot,
des sol man im ze guote jehen,
wan ez in guote muoz geschehen.
5 swen sîn gemüete lêret
daz er ze gote kêret
herze, sinne unde muot,
daz er daz beste gerne tuot,
der hüete an dem guoten sich,
10 sô ist ez guot und lobelich.
swer durch guot iht guotes tuot,
durch guotes herzen guoten muot,
wil er sich selben rüemen vil,
sô jagt er ûf des ruomes zil
15 den ruom hinz an ein ende
mit solher missewende
daz mit des ruomes missetât
des guoten ruom an im zergât.
von swem guotes iht geschiht,
20 des ruom ist gên der welt ein niht;
wan der welde spehender muot
kan wol übel unde guot
bescheiden und erkennen gar
dar nâch er beider wirt gewar.

---

1 Dass B 2 Zů rechte B; mŭte A *fehlt* B 3 zů gůtem B 4 mach A, mac H. 5 Swenne A, Sus inn B 6 Dass im gelugk vnnd er weret B; guote H. 8 Vnnd der B 9 höchte B; gůte B, gŭten gern A 10 er B 11.12 *fehlen* B 13 dess selben rürren B 14 beiaget B 15 vnntz BH., *vgl. z. B.* 3062, 4007 17 Da mit B, Daz mich A 18 Des gůtes růmen ain ennde haut B 20 gegen B; welde H.; ein A *fehlt* B 24 er] ir AB

25 durch daz sô lâze ein wîser man
    der guotes sich versinnen kan
    die guoten und die wîsen
    sîn lob ze rehte prîsen;
    sô wirt er wîten mære,
30 sîn getât wirt lobebære,
    swenn ir die ze guote jehent
    die guot nâch rehter güete spehent.
    er sol daz rüemen lâzen sîn;
    wan den guoten wirt wol schîn
35 ob er durch guotes herzen rât
    guotes iht geprüevet hât.
       Die wîsen jehent, swer sich lobe
    sunder volge, daz er tobe.
    nâch der lêre ich kêre
40 mit mîner kranken lêre
    gegen wîser und an tumber diet.
    dise lêre mir beschiet
    ein mære, daz mit wârheit
    nâch rehter ebenmâze seit,
45 wie sêre ein man missevert
    des ruom sîn lob sô gar verzert
    daz man in fürbaz prîset niht
    wan als er im selben giht.
    des lob hât vil kurzen prîs.
50 an einem rîchen keiser wîs
    bin ich der lêre gestiuret.
    mich hât geâventiuret
    sîn getât der lêre an im,

---

28 lop H. *fast immer*   29 Sol er wyter m. B   30 gùtthaut B
31 Wenn B, Swenne AH.   33.34 *umgestellt* B   35 durch A, dier B
36 gesprochen B   37 swer sih A, wysslich B   38 er tob A, obe B
41 tumbe H.   42 disiv A; nit beschiert B   43 Ein A, In B   45 wyse
vert B   48 selber B   53 l. aine B

daz ich von sînen werken nim
55 die lêre die ich lêre hie.
daz er die lêre über gie,
des wart sîn prîs geneiget,
verkrenket und gesweiget;
wan er dûhte sich sô kluoc,
60 sô reht, sô guot daz er ie truoc
in sînem wâne alsolhen wân
daz er aleine wânde hân
ein lob, daz al der welte vor
der sælden krône truog enbor
65 mit lobe in rîchem prîse.
mit alsô tumber wîse
geruomte er selbe sich sô vil
daz im der ruom an lobe ein zil
von sîn selbes prîse gap,
70 swie sîn prîslîcher urhap
sô guot, sô lobebære
mit rîchem prîse wære
daz im von rehte was bereit
der welte lob mit werdekeit,
75 biz daz ein ruom von im geschach
dâ mit er sînen prîs zerbrach.

 Wie daz geschach, wenn ez ergie,
swer daz geruochet hœren hie,
dem wil ich es niht verdagen.
80 ez was, als ich ez hœre sagen,
hie vor ein rîcher keiser grôz.
der was der hœhsten genôz
an wirde und an manheit.

---

54 wergkenn B, wᵉchen A, witzen H.; maine B 57 gemeret B
58 Verr vnnd nauch geeret B 60 so gṽt A *fehlt* B 64 trüege H.
66 tvmber A, würckumber B 67 er A *fehlt* B 68 an lob A, am
loben B 69 sins B 72 rechtem B 76 mite H. 77 wenez A, wē
ain B 79 den H.; ichz A 80 *zweites* es B *fehlt* AH. 83 würden B

sîn miltiu zuht was alsô breit
85 daz sî in tet vil wîte erkant.
er was Otte genant,
den rôten keiser hiez man in.
er kêrte muot, herz unde sin
mit keiserlîcher phlihte
90 an vride, an guot gerihte,
an zuht, niht an getiusche.
gewære, milte und kiusche
was er mit keiserlîcher tugent
in daz alter von der jugent
95 alsô lobelîchen komen
daz er ie was ûz genomen,
swâ man an lob die besten
ze den besten solte gesten.
der nam in sîn gemüete got.
100 er vleiz sich daz er sîn gebot
begunde minnen sêre
nâch der gelêrten lêre
die Karlen hôhiu wîsheit
ûf daz gerihte hât geleit.
105 der was er sô vlîzic ie
daz er vil selten über gie
swaz im daz alte reht gebôt;
daz leist er gar vor aller nôt
und kêrte dar an sînen muot
110 wie sîn gerihte wurde guot.
sus zierte keiserlîche

84 also berait B, als brait A   86 Der B; Otto A, Otho B, *vgl.* 829
88 hertz mûte B   89 geblichte B   90 v. vñ an A   92 gewere A,
So enwäre B; vnnd B *fehlt* AH.   94 In B, vntz in AH.   95 geben
durch über- und untergesetzte Punkte getilgt chomen A   97 an lob A,
lobe B, an lobe H.   98 söllte B   102 gewyssenn B   103 karele B
104 hatt B, hate AH.   107 alte rechte A, reht alte B   108 laistet er B
109 Kert er B

sîn name rœmisch rîche.
nû hâte er dô ze wîbe
ein wîp diu sînem lîbe
115 gezam und ouch der krône.
diu hâte ir wîpheit schône
mit kiuscher zuht an got bewant.
diu was Ottegebe genant.
diu edel reine guote
120 minnte in irem muote
got alsô stæteclîche
daz diu vil tugentrîche
ir schepher selten ie verkôs.
ir zuht mit wandel nie verlôs
125 got noch ir mannes vriuntschaft.
mit alsô tugentrîcher kraft
was ir sin, ir herz, ir muot
in gotes hulde sô behuot
daz sî nû mit werdekeit
130 ze himelrîche krône treit.
 Sante Ottegebe diu reine
begunde ir schepher eine
von herzenlîchen sinnen
sô stæteclîchen minnen
135 daz sîn lob von ir nie geschiet.
ir man dem keiser sî geriet
daz er gedæhte wol dar an,
swie rîch ist in der welt ein man,
daz im des guotes niht bestât

---

112 sin A, Ain B 116 wysshayt B 117 benant B 118 O^ctogeba A, och gebe B 119 edele H.; güte B 120 ir BH.; gemüte B 122 tugentrich B, tvgenden riche A, tugende rîche H. 123 Ir selber B 124 mit wandel A, uil selten B 125 kuntschafft B 126 tugend richer A, tugende richer B, tugende rîcher H. 127 herze H.; chraft *getilgt* mϯt A 128 so B, wol AH. 131 Sant H.; div gⷮte div rein A 133.134 *umgestellt* A 135 s.l.n.v.i. B, v.i.n.s.l. H. 136 irm A

140 sô er die armen welt verlât;
wan als ez wirt hin vor im brâht
daz im des lônes ist gedâht
nâch sînen werken, diu er tuot,
dient er wol, sîn lôn wirt guot.
145 anders lônt man im dâ niht
wan des der lôn den werken giht.
ditz nam der herre in sînen muot
und dâhte des, ob er sîn guot
in gotes namen teilte,
150 daz er dâ mite heilte
die wunden sîner sünde.
des nam er ein urkünde
dort an der schrift der wârheit,
diu von dem almuosen seit,
155 swer ez mit guotem muote gît,
daz ez leschet zaller zît
die sünde, alsam daz wazzer tuot
daz fiur. ditz was dem herren guot
ein liebez bîspel und ein trôst,
160 der in von zwîvel tet erlôst.
  Der keiser und diu keiserin
berieten sich des under in
daz sî mit der minne
der hœhsten keiserinne
165 got ir schepher êrten
und sînen dienst mêrten
durch ir êre in sînem namen.
den reinen rât vil lobesamen

---

140 div arme A   141 hin A, hie B   142 daz A, Da BH.; ist A, würt B   148 daz *getilgt* ob *übergesetzt* er A, obes B   149 gotez A, des B   151.152 sunde: vrkunde BA   152 er A *fehlt* B   153 Durch annder geschrifft B   154 div A, Nun B   155 mit A, in B   162 dez A *fehlt* B   165 Wollt i.s. eren B   166 meren B   167 eren B

gab in der gotlîche rât
170   ze herzen âne missetât,
als ich iu nû bescheide.
sî berieten sich beide
daz sî durch gotlîchen ruom
ein rîchez erzebistuom
175   machten ûf ir eigen,
dâ man wol möhte zeigen
durch unser vrowen êre
gotes dienst immer mêre.
ditz geschach. sî gâben dran
180   eigen, dar zuo dienestman,
stete, bürge und ouch lant.
ditz ist noch Megdeburc genant;
ze Sahsen in dem lant ez lît.
der keiser stiftez bî der zît
185   mit solhen kreften daz ez treit
von rîcheit immer werdekeit
in hôhem namen hinnen für.
dô gar mit rîchlîcher kür
des bistuomes rîcheit
190   nâch sînem willen was bereit,
er nam ze kôrherren dar
niht wan der fürsten sune gar.
dâ wart ein fürste wol geborn
ze erzbischof erkorn.
195   dem erwarp gewalticlîche

---

169 gap H. *fast immer* 171 nv A, wol B 173 gotlich A, Göttlichen B 174 ertzen bistv̆m A, err lupriester tún B 176 mochte A, möchtin B 181 och B *fehlt* AH. 182 mægde burk A, mägte bürge B, Magdeburc H. 183 land AB, lande H. 184 jnn der B 185 söllichen B *fast immer;* daz A *fehlt* B; ess B, er A 187 Hinen B, hinnan AH., *vgl. z. B.* 2199 192 svne A, sine B, süne H. 193 *Absatz* B 194 ertz bischof A, ertzbyschoff B, erzebischove H. 195 Dem er warf A, Denne er warb B; gewallteklîche B, gewalteclîche H. *fast immer*

    der edel keiser rîche
    ein reht, daz immer hinnen für
    der bischof sitzet an der kür,
    dâ der krône wirt erkorn
200 ein vogt, der vîentlîchen zorn
    und ungerihte stœren sol.
    diu rîche hêrschaft zieret wol
    daz keiserlîche almuosen grôz.
    den keiser dannoch nie verdrôz
205 er wolde man dar sîn genant.
    von des bischoves hant
    enphieng er rîchiu lêhen dâ.
    mit den fürsten warp er sâ
    daz sî ir eigen gâben dran
210 und ez enphiengen wider dan
    mit rehter mannes lêhenschaft.
    mit alsô hêrlîcher kraft
    wart gefrîget sâ diu stift;
    daz seit diu wârheit und diu schrift
215 diu daz wortzeichen treit
    mit offenlîcher wârheit.
    des vreute sich gemeine
    diu edel und diu reine
    und hœhte swâ sî mohte
220 daz gotes êren tohte.
    swâ diu stift gerîchet wart,
    daz wart nie von ir gespart.
     Dô ditz allez sus geschach
    und der keiser reht ersach

---

200 vigentlichz B 202 Durch B, die H.; richet w. A, rîchte w. H.
209 gaben A, geben B, gæben H. 213 gefürt dise B 214 s. vns d. B
215 Die warzaichen t. B 217 Der A 218 edele H. 219 hôhte A,
höhste B, hôhte H. 222 ie v. j. vngespart B 223 svst A
224 rehte H.

225 gezierde und grôze rîcheit,
     diu an daz gothûs was geleit,
     er vreute in sînem muote sich.
     ze got was vil grôzlich
     von herzen dicke sîn gebet,
230 daz er mit guotem willen tet
     in gotes namen zaller zît.
     sunder valsches herzen nît
     truoc diu keiserinne
     ze gote stæte minne.
235 nû began der keiser wîse
     wol nâch der welde prîse
     an hôhem muote rîchen.
     sich kunde niht gelîchen
     an vreuden sînem muote.
240 daz er sô vil ze guote
     tet durch gotes êre,
     des vreute er sich vil sêre;
     wan er dar umb zaller zît
     hæte sunder widerstrît
245 der welde lob ze lône.
     mit eines mundes dône
     pruofte niemen anders niht
     wan daz ein keiserlich geschiht
     von im geschehen wære.
250 daz was ein ellich mære
     in dem lande hie und dort.
     des wuohs sîn prîslîchez wort.
        Dô der keiser wol vernam

---

225 groziv A   226 gotzhus B   228 gote H.; grösslich B, grœzlich H. *fast immer*   230 gv̊ten A   233 Gerůcht B   238 gerichten B
239 fründen B   240 so stoltze gůte B   241 dvrch die AH.   242 er A *fehlt* B   243 umbe BH.   244 hete A, Hette B, hâte H.   247 Bůste B
250 allich B, ällich H.

daz im der welde lob gezam,
255 er gedâhte in sînem muote:
«sît ich mit mînem guote
der welde prîs erworben hân,
sô sol ze rehte, dest mîn wân,
mîn lôn von gote werden grôz,
260 wan mich vil wênic des verdrôz
des ich hân durch in getân.
mit mînem guote ich koufet hân
ze himel wernde stætekeit.
sît nû mit hôhem prîse treit
265 mîn guottât al der welde vor
des lobes krône hôch enbor,
sô sol mîn lôn ouch hôher sîn;
wan von mir ist worden schîn
ein guottât, diu vor gote swebt
270 sô rîche daz nû niemen lebt
der umb daz êwiclîche leben
durch got hab als vil gegeben.»
der muot nie von im geschiet.
sîn rüemlîcher prîs geriet
275 sînem herzen daz ez nie
den rüemlîchen wân verlie.
nû hœr ich die wîsen sagen,
daz niemen lange müge tragen
einen muot verborgen
280 mit vreuden noch mit sorgen,
ez recke sîner zungen ein ort

---

255 Er duchte B   257 erhalten H.   258 dess B, daz ist A, deist H.
261 D. i. d. j. h. g. B   262 güte B   263 himele H.   265 gv̆tæt A,
gŭttaut B; aller B   266 hôhe H.   267 höhet B   271 ewiklich A,
ewenklichen B, êweclîche H.   272 habe H.; als A, sy B
276 bryss B   277 hœre H.   279 Sinen B   281 bringet B; ein ort A,
ain art B, ort H.

nâch sînem willen ie diu wort
diu danne sînes herzen rât
beslozzen in dem muote hât.
285   Ditz bewær ich als ich sol.
diu âventiur bewæret wol
an dem keiser disiu wort;
wan er gar unz an daz ort
mit der rede an got gewuoc
290 daz er verborgen lange truoc.
ditz geschach als ich iu sage.
er huob sich an einem tage
besunder in daz münster dan.
der ellenthafte werde man
295 viel ûf sîniu blôzen knie,
dô er für frônalter gie,
mit tiefen herzesiuften vil.
er sprach, als ich iu sagen wil,
ze gote in sînem muote alsô:
300 «herre got, alphâ et ô,
gewærer schepher, süezer Krist,
sît ich geloub daz dû bist
in der drîvaltigen êwikeit
ein got, der mit drin namen treit
305 drîe namen in einer kraft,
des drîvaltigiu meisterschaft
mit drin kreften werden hiez
swaz sich ie gesehen liez
und daz ouch nie gesehen wart,

---

285 bewære H.   286 auentüre BH.   288 gat A   289 an got A,
nie B; getüge? gebüge? A   290 trůge A   291 iv A, es B   292 huop
H. *fast immer*   293 uff den balast B   297 hertzen sünfftzen B
298 v̊ch B   301 Gewarer B   302 geloube H.   303 drivaltiger e. A,
der gewalltigen rainikait B, dr. eineekeit H.   304 drien A   305 Dri AH.
308 Wer B   309 der B

310 die drî krefte hânt bewart
mit dîner drîvaltigen kraft
aller krêatûr geschaft.
diu êrste kraft ist der gewalt
der dem vater ist gezalt.
315 diu ander dest diu wîsheit
diu des sunes namen treit.
des heiligen geistes güete
nennet mîn gemüete
an dir zuo der dritten kraft
320 nâch dîner wîsen meisterschaft.
die drî krefte hânt mit kraft
geheftet sich in einen haft,
des kraft mit solhen kreften stât
daz nimmer mê sîn kraft zergât.
325 daz bistû, vater Sâbâôth.
dîn väterlich gewalt gebôt
des himels wernde stætekeit,
wie und in welher mâze er treit
der sterne louf, der sunnen schîn.
330 dû hâst mit dem gewalte dîn
tac und naht gescheiden;
dîn kunst hât in beiden
mit der mômente ir zît gegeben.
genâde, lob, vrid unde segen,
335 der wünschent zallen zîten dir
der himelischen tugenden gir,
die dû hâst in niun schar
insunder geordent gar.
die engel und erzengel sint,

---

312 creature BH.   313 Der B; ir den A   315 Dass a. ist die B
316 die AB   322 Behefft B   325 Sâbâôt H.   328 er] es B, iz A
333 monetten B, monumentē A; gewegen BH.   336 tugenndn̄ B,
tugende H.   337 jnn der nunden s. B   338 Inn sonnder B, eine
svnder AH.

340   die lobent dich, vater unde kint,
        mit drin namen einen,
        immer wernden reinen,
        ân urhab und ân endes kunft,
        mit gotlîcher sigenunft.
345   Daz lob der stüele, der hêrschaft,
        daz fürsten ampt, der himel kraft,
        der gewalte stæte maht,
        lobent dich tac unde naht
        und dînen väterlîchen sin.
350   Chêrubin und Sêraphin
        sint dîner hôhen gotheit
        mit lobe zaller zît bereit.
        ouch lobent stæteclîchen dich
        swaz mit dînen kreften sich
355   verborgen hât sô tougen
        von menschlîchen ougen
        daz ez immer alle vrist
        von menschen ungesihtic ist,
        und manic geschaft die mir benimt
360   dîn vorhte, daz mir niht gezimt
        daz ich sî fürbaz nenne;
        wan daz ich dran erkenne
        daz dîn gotlîcher rât
        alliu dinc geschaffen hât.
365   ditz geschuof dîn väterlich sin.
        dû sitzest hôhe ûf Chêrubin
        und hâst in dîner künde
        die tiefe der abgründe.
          Den andern sin heiz ich den rât

---

342 werden A, werende B   347 gewallt stere B, gewaltesære H.
348 tage A   349 schin B   353 ze allen zitten B   356 vor H.   357 er A
359 mentschafft B; div A   360 daz A, die B   364 Also mich beschaffenn haut B   365 schůff B; väterlîcher H.   369 hiez A, hertze B, *vgl. z. B.* 5162

370 der sich zuo dir geslozzen hât:
daz ist des sunes wîsheit.
diu hât mit dîner kraft bereit
nâch volleclîchem werde
luft, wazzer, fiur und erde.
375 diu sint aller dinge hort
diu dîn gotlîchez wort,
daz kiusche ûz tiurem munde gie,
geschuof in dirre welde hie.
    Ich weiz, als ich bewîset bin,
380 an dir fürbaz den dritten sin:
daz ist diu diemüete,
des heiligen geistes güete,
mit der daz lebelîche leben
lebelîchen ist gegeben.
385 swaz lebendes ûf der erde lebt,
in lüften oder in wazzer swebt,
daz lebt in sîner blüete
von des heiligen geistes güete.
daz leben ist drîvaltic;
390 des ist dîn geist gewaltic.
ein leben lebendez leben hât
daz sich doch lebens niht verstât,
alsam daz holz, daz gras, diu wurz:
diu lebent, ir verstân ist kurz;
395 sî verstânt ir lebens niht,
wan daz sî wahsent, als man siht.
daz ander leben hât den rât
daz ez lebt und sich verstât,
und kan ez niht für bringen

---

372 Du haust B   375 al der H.   377 dinem B   382 hailgen B, heiligen H. *fast immer* 383 lobeliche B   384 im 1. AH., Im loblich B 386 strebt B   387 in der B   388 gaistest A *fehlt* B   392 lebenness BH.   394 uerston B, versten AH.   395 leben A, lebenness BH. 399 fürbass B

400   mit sinneclîchen dingen.
       daz sint diu dinc diu sich verstânt,
       vliezent, vliegent unde gânt.
       daz dritte leben hât mit kunst
       witze, sinne, rât, vernunst.
405   dem hât dîn lebender geist gegeben
       reht, kunst, rede unde leben,
       als ich und elliu dîniu kint
       diu menschlich geheizen sint.
       ditz ist diu drîvaltige kraft
410   diu sich mit kreften hât behaft
       zuo dîner süezen gotheit.
       des sî dir lob und êre geseit.

       Wan Âdâmes missetât
       geschach durch eines wîbes rât
415   daz er dîn gebot verkôs
       und al die menscheit verlôs.
       dô was dîn süezez wort bereit
       zuo der vil blœden menscheit,
       uns armen gar ze trôste.
420   dâ mit uns erlôste
       daz wort, dîns kindes menscheit,
       daz mit dir wernde stæte treit.
       daz wort von dînem stuol sich lie,
       ein reiniu magt ez enphie,
425   diu ez menschlîchen gar,
       muoter unde magt, gebar.
       daz bistû, süezer reiner Krist,
       wan dû sun des vater bist,
       der beider heiliger geist.
430   durch dînes lobes volleist

---

405 leben diñ g. B   406 rechte AH.   410 geschafft B   413 Von BH.   420 mite H.   421 Die ward B   422 w. stättekait B   424 maget H.   428 vatters B

geloub ich daz dîn menscheit
in menschlîchen nœten leit
durch unser blœdekeit den tôt
in strenger menschlîcher nôt,
435 unde nâch des glouben sage
erstuont an dem dritten tage,
gewærer mensch unde got,
und daz der geist durch daz gebot
der gotheit zer helle kam,
440 und die sînen gar dannen nam
von der êwiclîchen klage,
und an dem vierzigistem tage
zuo dîner zeswen gesaz,
und der mit trôste niht vergaz
445 die er ûf der erde hie
zeinem urkünde lie.
  Sît ich ditz geloube wol
kristenlîche, als ich sol,
reiner got, sô bitt ich dich
450 daz dû geruochest hœren mich
durch des glouben süeze,
daz ich bevinden müeze
mit menschlîchen ougen
an dîner gotes tougen
455 wie hôher lôn mir sî bereit
ze lône durch mîn arbeit,
die ich hân durch dich getân.
ich weiz von wârheit sunder wân
daz nû bî disen zîten
460 in allen landen wîten
niemen alsô guoter ist

---

431 geloube H. 436 Er stûnd B, er erstûnt A 437 Gewarer B,
Gewerre A; mensche H.; vnnd gewarer g. B 438 durch din B
443 zesamen B 447 dz B

Abbildungen

waz daz man durch gvte mv(te)
ze gut in gute mvte tut.
des sol man im ze gvte iehen
wan ez in gute nach geschehen
Swenne sin gemute leret
daz er ze gote cheret.
hertze sinne vnd mut
daz er daz peste gerne tut
Der hute an dem guten gerne sich
so ist ez gut vn so beslich
Swer durch gvt iht gutes tut
durch gutes hertzen guten mut
wil er sich selben rumen vnd
so ilget er vf des rumes zil
Den rum hintz an ein ende
mit solher missewende
daz mit des rumes misset er
des guten rum an im zergat
von swem gutes iht geschiht
dez rum ist gen der welde an niht
wan der welde spehender mut
chan wol vbel und gut
Bescheiden vn erchennen gar
dar nach er baider wirt gewar
durch daz so laz ein wiser man
der gutes sich versinnen chan
die guten vn die weisen
sin lob zerechte prisen
So wirt er weiten mære
sin getat wirt lobewære.
Swenne ir die ze gute iehent
die gut nach rumes gute spehen
er sol daz rumen lazen sin
wan den gute wirt wol schin
so er durch . . tes hertzen rat

A ſſ am man
durch guten mut,
du rechte in guten
thut. Des ſol man
im ſu guten iehin
wann es in gute
muß geſchechen.
und im ſin gemüte
be reit.

Das im geliept vmd errecket
Heige ſinne vund mut,
vnd der das beſte geren tut,
der tjochte an dem güte ſut,
So iſt er gut vnd loblich
Will er des ſelben ruten vil
So besaget es uff des rümes zil
Den rüm vuntz an am ennde
Nu ſcheidet miſſeuende
Da mir des rümes miſſeriu
Des gutes rümen an ennde erant
Von wem gueſſ ist er ge ſendet
Des rüm iſt argern die welt nibt
Wann der welter ſpeer renndt mit
kan wol übel vmd gut
beſchaiden vnd erkennen gu
denennd er gauch wirt es war
durch es ſo lauſſe an weiſer man
der gut sich, der ſinnen kan
die guten vnd die weiſen

           der dir, vil heiliger Krist,
           sô wol gedient hab als ich.
           in al der welt ist lobelich
465   mîn grôziu guottât worden.
           mit dienstlîchem orden
           hân ich durch dîn gotheit
           immer mêr dir bereit
           an dienstlîcher hêrschaft
470   stætez lob mit werder kraft,
           mit manigem degen ûz erkorn,
           der dînen dienst hât gesworn
           ze leisten immer mêre.
           durch dîner muoter êre
475   hân ich die grôzen rîcheit
           in dînem namen dir bereit.
             Nû ger ich sunder valschen wân,
           sît ich dir ergeben hân
           sô manige huobe in dîn gebot,
480   daz dû, vil süezer reiner got,
           durch dîner muoter êre mir
           erzeigest waz ich sol von dir
           ze lône durch mîn arbeit hân,
           die ich durch dich hân getân.»
485   dô der keiser ditz gebet
           mit minneclîchem muote tet,
           er gerte fürbaz anders niht,
           als uns diu âventiur giht,
           wan daz in got gewerte
490   des einen des er gerte,
           daz er beschowen solte
           wie im got lônen wolte
           des er durch in ze guote tet.

---

463 gedint A *fehlt* B, gedienet H.; habe H. 468 mêre H. 471 mängen B, manegem H. *fast immer* 479 häbe B 488 âventiure H. 493 gv̈te A

nû hôrte rehte sîn gebet
495 dem sich kan vor verbergen niht,
des ouge in elliu herze siht,
und gar verdenket ûf daz zil
swes ieman gedenken wil.
daz ist der got des wîser rât
500 für dâht in sînen witzen hât
swaz hinnen für geschehen mac
unz an den jungisten tac.
der hôrt und sach des keisers muot,
der im alsus verweiz sîn guot.
505 Der keiser bat mit vlîze
in maniger itewîze
got daz er im tæte erkant
waz im lônes wær benant
durch daz er guotes tet durch in.
510 dô kam, als ich bewîset bin,
ein vil gewærhafter bote,
der was im gesant von gote,
wol bereit, lût unde snel.
daz was ein liehtiu stimme hel;
515 die hôrt er nâhen bî im dâ.
sîner bete antwurt sî sâ
ein wênic zorniclîche:
«vil werder keiser rîche,
dir hât got vil werdekeit
520 in dirre welte hie bereit.
er gab dir lîp und êre und guot.
nû hât dînes herzen muot

---

494 Nun h. B, nv erhorte AH.   495 vor k. A   497 die B
498 iemant A, iemen B   503 hôrte H.   506 Mit mänger wyse B
508 wære H.   511 warhaffter B   514 schain B   515 horttund
nah B   516 er sa B, si im sa AH.   517 zornikleiche A, zornliche B,
zorneclîche H.   521 lib ere B

gegeben einen guoten rât
daz ez dîn hant geteilet hât
525 in gotes namen alsô wol.
des ist nû dînes prîses vol
diu welt in hôher werdekeit.
ouch was ze himel dir bereit
ein stuol, der nâhen was gesat
530 dem hœhsten an der hœhsten stat.
den hât dîn ruom geneiget.
dîn guottât ist gesweiget
durch dîn itwîze grôz,
der dich gên gote niht verdrôz,
535 daz dû durch krankes herzen rât
verwizze im dîn guottât.
  Nû solt dû ze lône hân,
sît dû ez hâst durch ruom getân,
der welte lobelîchen prîs,
540 den dû hâst sô manige wîs
mit ruome dir gefüeget.
des lônes got genüeget.
der gert niht daz er eische guot,
er suochet reines herzen muot
545 nâch menschlîchem heile;
dar umb ist im veile
mit êwiclîchem lône
des himelrîches krône.
  dû kundest ez wol machen
550 grôz mit manigen sachen,
wær dîn lob sô grôz vor gote
daz dû in sînem gebote
hætest sunder argen wân

---

524 gestellet B 528 himele H. 529 n. w. gesazt A, nauch ward gesatt B 533 Vor diner fürwytze B 534 nie B 538 S. duss d. r. h. g. B 540 so A *fehlt* B 543 gerte B 544 sůchte B 546 umbe H. 549 ez A *fehlt* B 553 Hatest A

alsô prîslich guot getân
555 alsam ein guoter koufman,
der fürsten namen nie gewan,
des almuosen erworben hât
daz sîn name geschriben stât
an der lebenden buoche
560 mit gotlîchem ruoche.
dû muost ez gote büezen
mit buoze in werken süezen,
wil dû daz dir dîn arbeit frume
und ze guotem lône kume.
565 anders ist dir gar verseit
der lôn der dir was ê bereit.»
Der keiser dô sô sêre erkam
daz im der schric die vreude nam.
er sprach in sînem muote dô:
570 «herre got, wie komt ez sô
daz jener koufman sol
für mich gedienet hân sô wol?
mit urlob ich daz sprechen wil
daz ich sô werder ritter vil
575 dir hân gemachet undertân,
die baz ze dienste mügen stân
mit dienestlîchem muote
an werdekeit, an guote
dir, herre got vil guoter,
580 und dîner lieben muoter,
danne ein sô gewanter man,
der den namen nie gewan.

---

559 dem B   562 büssen B   563.564 frvme: chome A, frome: komme B   566 e A *fehlt* B   567 erschragk B   568 schregk so sere wz B   570 kompt B, kvmt AH.   571 D. iemer kain k.s. BH. 573 urloub H. *fast immer;* da B   576 mügend B, mvgen AH. *fast immer*

doch wolt ich gerne wizzen daz,
möht ez geschehen âne haz,
585 wie sîn name wær genant,
daz er wurde mir bekant.
lieber herre, süezer got,
daz lâ geschehen durch dîn gebot.»
diu stimme zuo dem keiser sprach,
590 dô disiu rede alsô geschach:
«ich wil nâch dînes herzen gir
den koufman rehte nennen dir
der die grôzen guottât
sô grôzlîch verdienet hât
595 daz sîn lob des lônes gert
der immer stæte ân ende wert.
Ez ist der guote Gêrhart
von Kölne, der sich hât bewart
von aller missewende gar.
600 sîn lîp ist valscher triuwe bar,
sîn miltez herze reizet
daz man in guoten heizet:
durch daz ist er guot genant.
sîn sælde zieret wol diu lant
605 dâ er gehûset inne hât.
sîn lob mit grôzer wirde stât.»
«ach, herre, waz hât er getân
des er sô grôzen danc sol hân?»
sprach der keiser an der stunt.
610 «wil dû daz ez dir werde kunt,
sô var hinz im in disen tagen
und bitt in dir die wârheit sagen.»

---

585 wære AH. 594 grössllich B, grœzlîche H. 596 sere B
597 Daz H. 599 Vor AH., *vgl.* 819 600 libe B, lob A; aller valscher
wergke B 602 gûte B 604 die B, daz AH. 607 Ja AH. 608 Das B
609 der selben stund B, anderstunt H. 611 hin zù im B, hin zim H.

«ez ervert ein bote wol,
den ich dar drumbe senden sol.»
615 dô antwurt im diu stimme alsô:
«dû möhtest es wol wesen vrô,
seite er dir die wârheit gar,
ob dû selbe kæmest dar.
swenn er die rehten wârheit
620 sunder lougen dir geseit,
waz er got gedienet hât,
sô weiz ich wol, dîn herze lât
den strît und giht im âne haz
daz er hab gedienet baz
625 die gotes hulde danne dû,
swie sêre dû dich rüemest nû.»
Der keiser huob sich dan zehant
dô der stimme dôn verswant.
ûz dem münster gieng er dan.
630 vil sêre er wundern sich began
waz disiu rede wære,
von der sô lobebære
der koufman wære worden
mit lobelîchem orden.
635 dô der ander morgen kam,
der keiser messe vernam
mit keiserlîcher werdekeit.
als er enbeiz, dô was bereit
sîn phert. er reit von dannen sâ.
640 sîn gesinde liez er dâ,
wan daz er heimlîchen nam
swer im dar zuo wol gezam,
die er die vart verhelen bat.

---

614 dar drvmb A, darumbe B 616 mochtest A, magst B
618 kommest B 619 dier *vor* die *durchgestrichen* A 621 gote H.
624 habe BH. 627 dan A *fehlt* B 629 Vz A, Ze B 639.640 Ain B
643 heln B

```
           ze Megdeburc ûz der stat
645        reit dô der keiser rîche
           alsô tougenlîche
           mit einer heimlîchen schar,
           der lützel iemen wart gewar.
           nû sande der vil werde man
650        ze Kölne sîne boten dan
           unde hiez dem bischof sagen
           daz er in den selben tagen
           in selb gesprechen solte,
           und daz er komen wolte
655        niht wan vil heimlîchen dar
           mit einer heimlîchen schar.
              Ditz sagten im die boten dâ.
           des vreute sich der bischof sâ.
           er began sich vaste gesten,
660        wan er den muotes vesten
           wolt in sîn hûs enphâhen.
           dô began der keiser nâhen.
           der bischof gegen im schône reit
           mit edlen rittern wol bekleit
665        und ouch der burgær ein teil,
           die wâren sîner kunfte geil.
           nâch keiserlîchem ruome,
           mit geliute und mit heiltuome
           wart der keiser rîche
670        enphangen werdeclîche
           ze Kölne in der houbtstat.
```

---

644 mægdebürg A, mägtenburg B, Magdeburg H.   645 do A *fehlt* B   646 tugentliche B   648 dez A, dês H.; ieman A, nieman B   650 sinen AB   651 bischoffe AH.   653 selbe H.; sprechen B   659.662 begund B   663 s.g.j. B   664 edeln H. *fast immer;* wolgemait B   665 burgære H.   666 kunft B, künfte H.   668 Mit güte B   671 hopt statt B, houbetstat H.

    der bischof in mit zühten bat
    daz er im seite mære
    durch waz er komen wære
675 sô rehte heimlîchen dar
    mit einer alsô kleinen schar.
    dô sprach gezogenlîche
    der edel keiser rîche:
    «mich hât in heimlîcher ger
680 ein heimlich nôt gejaget her;
    durch die muoz ich hie râtes gern.
    ich mac der burger niht enbern
    die hie sint gesezzen.
    nû sult ir niht vergezzen,
685 lieber herre der bischof,
    ir heizent morgen ûf den hof
    den burgern gebieten,
    ich wolde daz sî rieten
    mir umb einer hande dinc.
690 heizent für mich ûf den rinc
    her komen al gelîche
    arme und dâ zuo rîche,
    sô man die gloggen liute
    und in die zît betiute.»
695   «Herre, daz sol sîn getân.»
    der bischof der hiez balde gân
    sîne boten in die stat.
    die tâten des der keiser bat
    und hiezen, als ich hân vernomen,

---

676 ainer haimlichen B 679 in A, ain B 680 ein A, In B; not B, bote *durchgestrichen* not A 681 hie A *fehlt* B 682 *Absatz* B 684 sölt A, sonnd B, *vgl. z. B.* 3840 685 der A *fehlt* B 688 wöllte B 689 ain B 691 allgelîche B, algelîche H. *fast immer* 692 vnd da zv die A, vnnd B 693.694 lütet : büttet B 696 *zweites* der A *fehlt* B 697 Sinen B 698 teten A, thautten B; dass B

700 die burger für den keiser komen.
nû nam des michel wunder
die burger al besunder
durch waz der fürste mære
sô eine komen wære.
705 doch wæren sî ungerne komen,
sî hæten alle an sich genomen
al gelîch ir besten kleit,
daz sî wol nâch werdekeit
möhten vor ir herren stân,
710 sprechen, sitzen unde gân.
dô gienc der keiser ezzen.
dâ was ouch niht vergezzen
keiserlîcher wirtschaft.
ez bôt im mit lieber kraft
715 der bischof güetlîch unde wol,
als man ez keisern bieten sol.
vil schiere dô sî gâzen
und ein wîl gesâzen,
der vogt von Rôme slâfen gie.
720 der bischof guote naht enphie
mit gruoze dâ zestunde
von des keisers munde.
    Diu naht gie hin, der tac erschein.
die burger wurden des enein
725 daz sî ze hove giengen,
ir herren wol enphiengen.
dô man fruomesse gesanc,
sî hôrten einer gloggen klanc,
die man ze râte lûte

---

705 warend B; gern B   706 haten A, hattund B   711 Da A
712 dô H.   714 jnn B   715 göttlich B, güetlîche H.   716 So B
718 eine wîle H.   723 hin durch jr schin B   724 in ain AB, *vgl.
z. B.* 5444, 6431   727 frü messs B   728 Do hort man ainen B
729.730 lůte : betüte A, bote : betütte B

730 und in die zît betûte
daz sî ze hove solten komen.
als in diu botschaft was vernomen,
nû was der keiser ûf den hof
komen und ouch der bischof.
735 die sâzen bî ein ander dâ.
dô kâmen die burgære sâ,
mit zühten, niht gedrungen,
die alten vor den jungen,
sô ritterlîchen wol bekleit
740 daz sî mit guoter werdekeit
in schœnen zühten süezen
den keiser möhten grüezen.
nû enphieng er al gelîche
die burger minneclîche
745 mit hovelîchen witzen.
er bat sî alle sitzen
an einen wîten rinc für sich.
ir gruoz was vil güetlich
den sî im tâten und er in.
750 nû nam er daz in sînen sin,
wâ er sæze bî der schar
durch den er was komen dar.
  Sus begunde er umbe sehen
unde stille swîgend spehen
755 ob sî dekeinen êrten
an den sî fürbaz kêrten
ir zuht dan an dekeinen.
vil schiere sach er einen,
der was vor in der êrste,

---

730 div A   732 wär B   734 ✝ch A *fehlt* B   736 die A *fehlt* B
737 vn̄ n. A   739 ritterlich B   740 Da B; grosser B   745 hofflichen B
747 In B   748 so grosslich B   752 die B   753 vmb AB   754 swîgen vnnd B, swîgende H.   755 Sus begunde er vmb herten B   757 da ain kainen B   759 fvr? *aus* vor *korr.* A *fehlt* B

760   der dûht in dâ der hêrste.
an dem wart er wol gewar
daz man entweich im in der schar;
swâ er hin wolde gân,
dâ sach man sî ûf hôher stân.
765   der was ze wunsche wol gestalt,
in guoter mâze was er alt,
mit solhen zühten was er wîs;
sîn hâr was grâ reht als ein îs
an houbte und an barte gar.
770   er was schœne und wol gevar,
reht als in der wunsch erkôs,
mit solher zuht diu nie verlôs
manlîchen prîs in kiuscher zuht.
von valschem wandel was sîn fluht.
775   er was guot und wol gezogen,
an süezen zühten unbetrogen,
getriuwe und vil gewære.
wîse und unwandelbære
was er gewahsen zeinem man.
780   vil rîchiu kleider truog er an.
    Von scharlach rôt als ein bluot,
roc, mantel wâren guot,
mit zobel wol gezieret.
der mantel was gefurrieret
785   von hermîn wîzer dan ein swan.
vingerlîn und fürspan
mit manigem guoten steine

---

760 dvcht in [dvchtn da *übergesetzt*] A, var och B   768 recht A *fehlt* BH.   769 Mit söllichen züchten wz er graw B; gar *aus* gra *korr.* A   771 rehte H.   772 sollicher z. die B, sölhen zvhten di A   773 Mannlich B   778 Vnnd wyser vnnd wandelbäre B; wîs H.   779 ze man B   783 zobele H.   784 gefüettert B, furrieret H., *vgl.* 3574   785 härmlin B, harmen AH., *vgl.* 3574; danne H.   786 Wyser dann ain schne Von berlen vnnde küspen B   787 gütem BH.

	truoc der getriuwe reine
	und einen gürtel rîche.
790	sîn hâr was hovelîche
	gespænet wol, sleht unde reit.
	wol gemachet und vil gemeit
	was geschorn im der bart.
	daz was der guote Gêrhart,
795	den der keiser suochte,
	von dem des got geruochte
	daz er von im ze guote enphie
	swaz er in sînem namen ie
	getet durch in ze guote,
800	wan ie mit reinem muote
	sîn reinez herze erfullet was.
	er was getriuwe als ein adamas
	mit manlîcher stætekeit,
	als uns von im daz mære seit.
805	als der keiser in gesach,
	zem bischof er heimlîchen sprach:
	«sagent an, wer ist dirre man
	der alsô hovelîchen kan
	gebâren unde zieren sich?
810	dest wâr, er ist sô hovelich
	daz mich dunket wie er sî
	von aller missewende vrî.»
	Dô sprach der bischof sâ zehant:
	«ein tugentrîcher wîgant,
815	der niht mit valschen listen kan,
	daz ist der alte werde man,
	des herz ie rehter güete phlac.

---

791 *vor* reit *ein Buchstabe radiert* A, rain B   792 Sin antlid jm gar wol schain B; gemacht H.   793 Wol geschigkt was jm B   794 Es B   797 güte B   801 erfüllet H.   802 w. veste BH.   804 diss B   805 A. in der A   806 bischove H.   807 Sag B, sagt H.   810 Für w. B   812 vor AH.   813 sa A *fehlt* B   817 herze H.

von kintheit her an disen tac
hât er von wandel sich bewart.
820 ez ist der guote Gêrhart.
sîn name wîten ist erkant.
er ist von rehte guot genant:
wan allez sîn gemüete
lebt in reiner güete.»
825 dô der keiser hôrte daz,
er began im ie baz unde baz
in sînem muote dô behagen.
«ich hœre daz von ime sagen»
sprach der keiser Otte dô.
830 ze sehen was er sîn vrô,
wan im sô manic werdekeit
von sînen tugenden was geseit.
der keiser dô mit zühten sprach,
als er den guoten man ersach
835 mit alsô lobelîchen siten:
«ir herren, ich bin her geriten
suochen rât umbe nôt
diu mir dise vart gebôt.»
dô sprâchen sî alle gelîche,
840 arme und dar zuo rîche,
ir rât solt im sîn bereit,
kunden sî nâch wîsheit
in guoten rât gelêren
nâch keiserlîchen êren.
845 Des seite in der keiser danc
sunder allen valschen wanc,

---

818 kinde BH.; här byss an B 819 vor H. 821 wit B 826 vnnd
ye b. B 827 da B 830 sehenne H. 831 manec H. *fast immer*
833 *Absatz* B 837 Sùchend B; vmb AB 838 disiv A 839 sprâ-
chens H. 840 Arm AB; dar zǔ A *fehlt* B, *vgl. z. B.* 692 841 sòlt A
842 sy das mit B 846 s. an a. A

als er mit fuoge kunde wol.
er sprach: «swer râtes üeben sol,
der sol suochen dâ er rât
850 vinde âne missetât.
durch daz sô suoch ich lêre hie;
wan iuwer witze tet mir ie
helfe, rât mit triuwen schîn.
nû næm ich gerne (daz lânt sîn
855 mit iuwerm willen âne haz)
einen dem ich sage waz
mich her zuo iu gejaget hât;
an dem wolt ich suochen rât,
dar nâch an iu allen,
860 wolt iu der rât gevallen.»
«jâ, herre, swaz iu wol behaget,
dar an sîn wir unverzaget»
sprâchens alle gelîche dô
«swaz ir welt, des sîn wir vrô.»
865 «Gêrhart, sô wil ich sprechen dich.
mîn herze an dich wîset mich.»
«herre, ich bin solher witze erlân
daz ich sul aleine gân
mit râte zuo dem rîche»
870 sprach vil gezogenlîche
Gêrhart der tugentrîche man.
dô gie er mit dem keiser dan
in eine kemenâten.
als sî dar in getrâten,

---

848 ieben B, leben AH., *vgl. z. B.* 4174   850 vindet AH.   851 Da durch B; suoche H.   853 H. vnnd r. B   854 næme H.; gern AB   855 īwern hvlden AH., *vgl. z. B.* 2859   856 einem dem A, Ainē den B   857 her zv ver iaget A, zū üch g. B, h. ziu g. H.   858 wolde H.   860 Wöllte B   862.864 sind B   863 Sprachen si A   867 witz A, sine B   868 svlle A, soll B, süle H.   871 tvgentliche AH.

875 der keiser dâ die tür beslôz
mit einem rigel, der was grôz.
   An ein gestüele er sitzen gie.
den koufman er des niht erlie
er muoste zuo im sitzen dran.
880 «niht, herre» sprach der guote man
«ich sitz ûf dem schamel wol,
wan es mich genüegen sol»
sprach er mit guoten witzen.
«niht, dû solt her sitzen
885 zuo mir an die sîten mîn.»
des wert er sich, doch muost ez sîn.
dô sprach der rîche fürste guot:
«Gêrhart, ich sag dir mînen muot:
ich bin komen her durch dich.»
890 «herre, daz wær unbillich:
dar zuo wær ich an guote,
an geburt, an lîp, an muote
ze kranc daz ir des soltent
geruochen. ob ir woltent
895 mîn dekeine stunde
bedurfen, ob ich kunde
iu getuon dekeinen rât
(des leider mich mîn kunst erlât),
ich wære durch einen boten komen,
900 als ich es hæt ein wort vernomen.»
   «Nû wizzest daz von wârheit,
daz ich ie dâ her gereit
daz ist gar durch dich geschehen.
nû lâ mich dîne triuwe spehen
905 und sag mir des ich vrâge dich.»

---

875 da A *fehlt* B, dô H.   876 rigele H.   878 enlie B   879 dan B
881 sitze H.; schemel B   882 benügen B   886 werte H.   888 sage H.
889 Ich komme B   891 dâ H.   892 lîbe H.   895 Mich B   899 wær H.
900 ez A *fehlt* B; hæte H.   905 sage AH.; dass B

«gerne, herre, daz tuon ich,
ob ich ez weiz.» «jâ dû, vil wol.»
«sô tuon ich ez, wan ich iu sol
getriuwes herzen willen tragen.»
910 «sô solt dû mir rehte sagen,
wie kam daz, von welher art,
daz dû der guote Gêrhart
wurde zaller êrst genant,
daz man dir disen namen vant?
915 ich wil des gerne bitten dich
daz dû des bewîsest mich
waz dû habst durch got getân
daz dû solt disen namen hân.»
«herre mîn, daz kam dâ von,
920 die liute die sint des gewon
daz sî den zuonamen jehent
die sî stæteclîchen sehent,
des mannes rehten namen mite.
daz ist an in ein arger site.
925 herre, als ist ouch mir geschehen.
ich kan iu leider niht verjehen
dâ von ich guot geheizen müge,
ez wær daz ich mich selben trüge.
ich hân niht durch got getân
930 sô grôzes daz ich müge hân
ze rehte disen grôzen namen,
sô hôhen unde lobesamen.
ich hæte des dicke guoten muot,
sô irret mich, als manigen tuot,

---

911 rechter B   912 dier der B   913 zallen B   915 biten H. *fast immer*   917 habest BH.   921 Dz sy zů namen gebennt B   922 sî *fehlt* A, dich B; stätteklich klebennd B   923 rehtem H.   924 an A *fehlt* B   925 vch A *fehlt* B   928 selber B   931 grozen *nachgetragen* A   932 vnd so l. AH.   934 irte H.

935   gebreste und guotes krankheit.
       swenn ich des willen was bereit,
       sô moht ich ez doch niht getuon
       sô daz ich lob, êre oder ruon
       dar an bejagen möhte,
940   daz ez ze lob iht töhte.
       Wolt ich tuon iht guotes,
       diu krankheit mînes muotes
       nam mir den guoten willen abe
       sô gar daz ich mit kranker habe
945   den armen vreut in sîner nôt.
       sûrez bier und roggîn brôt
       was mîn almuosen für mîn tor,
       swenn ich den armen sach dâ vor
       mit kumberlîchen nœten sîn.
950   ich tet vil selten leider schîn
       ob ich von mînem schepher ie
       rîches guotes iht enphie.
       swenn aber ich gedâhte an got
       und iht gab durch sîn gebot,
955   sô gab ich mit mîner hant
       eteswenn ein alt gewant,
       daz ich ze selten leider doch
       hân durch in gegeben noch.
       ouch sprach ich ie vil kurz gebet.
960   swenn ich daz zeinen zîten tet,
       sô dûht es mich genuoc ein jâr.
       herre mîn, ich sol für wâr
       des hôhen namen sîn erlân,

---

937 möcht B, mohte H.   938 daz A *fehlt* B; êr H.   940 D. e. mich loblich düchte B; lobe H.   941 Sóllte B   943.944 ab : hab A   944 So gab ich B   945 fründ B, vreute H.   947 *zweites* min *auf Rasur* A; mine B   952 Er vnnd g. B   954 Vnnd ich nuntz gab B   955–958 *fehlen* B   956 eteswenne H.   959.960 *umgestellt* B

wan ich sîn niht verdienet hân.»
965 Der keiser sprach: «ez muoz et sîn
daz dû durch den willen mîn
antwurtest mîner vrâge baz.
ich weiz wol, dû hâst eteswaz
sô grôzlîches durch got getân
970 daz dû mich solt wizzen lân
wâ von dir dirre name wart.»
dô sprach der guote Gêrhart:
«des sult ir, herre, erlâzen mich.»
er sprach: «entriuwen, nein ich.
975 sag an, ich wil es niht enbern.
dû solt mich niht der bete entwern,
wan dû ez doch sagen muost,
swie ungerne dû ez tuost.»
dô rief der vil guote man
980 got in sînem herzen an.
er sprach: «owê, herre got,
sol ich nû durch ditz gebot
dir verwîzen ob ich ie
guotes iht durch dich begie?
985 daz lâ dich, herre, erbarmen.
gedenk an mich vil armen
daz ich ez betwungen tuon,
anders durch dekeinen ruon.
ditz ist ein alsô strenger man
990 daz ich mich niht erweren kan.
ich muoz im sagen ûf daz zil
swaz er von mir hœren wil.
durch die vorhte muoz ich jehen,

---

965 et A *fehlt* B 967 Antwrst A 968 w. daz dv A 969 grossklich B, grœzlîches H. 973 sölt A, sonnd B 976 m. der bett geweren B 978 vngern AB 979 růfft B 984 G. d. d. ye b. B 986 gedenke H. 989 also A, uil B 991 daz A, ain B

ist von mir guotes iht geschehen.
995 daz ist dir, süezer got, erkant.»
mit dem gedanke er viel zehant
für den keiser ûf diu knie,
in solhem muote als ob er hie
wolte mit den selben siten
1000 den keiser mit dem munde biten
daz er der bete wurd erlân.
sîn bete was alsô getân:
Er bat den keiser daz er in
der bet erliez, ouch bat sîn sin
1005 got daz er an im verkür,
ob er mit giht aldâ verlür
in rüemlîcher schulde
die süezen gotes hulde.
von tiefes herzen andâht
1010 wart zweier hande bete brâht
für got und für den fürsten guot.
daz herze schiet lîp unde muot
mit triuwen gên in beiden,
als ich iu wil bescheiden.
1015 er bouc für got des herzen knie,
des lîbes für den keiser hie;
des herzen muot vor gote lac,
der lîp vor dem keiser phlac
niht wan daz er in bat daz er
1020 lieze sîner vrâge ger.
daz herze was vor got alsam,
ze dem ez rât und urlob nam
daz er nâch sînen hulden
in von disen schulden

---

994 beschehen A   996 viel er A   1001 wurde H.   1003.1004 *fehlen* B   1004 bete erlieze H.   1005 Gen gott B   1010 wart A, Mit B   1012 gût B   1014 iv A, nun B   1019 in A *fehlt* B   1021 gote H.

1025	geruochte ledic machen;
	wan er an disen sachen
	von herzen gar ungerne tete
	den ruom durch des keisers bete.
	Sît er nû muot, herz unde rât
1030	mit bete an sî geneiget hât,
	sô wæn ich wol daz in gewer
	sîner herzenlîchen ger
	des güete in rehter güete wert,
	swes iemen rehtes an in gert.
1035	der süeze, der gewære Krist,
	der aller güete ein urhab ist,
	des güete was vil bezzer dâ,
	alsam dâ vor ie anderswâ,
	danne menschlîche güete.
1040	mit blüendes bluomen güete
	bluote genædeclîche güete
	für keiserlich gemüete.
	got mit güete in werte
	des er hinz ime gerte;
1045	der keiser in entwerte
	des er an in gerte;
	got der schulde an im vergaz
	durch sîn bete sunder haz;
	der keiser niht an im vergaz,
1050	sîn gelîchsender haz
	twunge in daz er müeste jehen
	swaz er wolte an ime spehen.
	Dô der guote Gêrhart

1027.1028 tet : bet A   1030 geiaget B   1031 wæne H.; dz er jnn B
1036 urhap H. *fast immer*   1037–1042 *fehlen* B   1041 gnædeclîche H.
1044 h. im A, zů jme B, hin zim H.   1045 jnn nit gewertte B   1048 Vor
sinem bette B   1050 Sin gelich sonnd der h. B   1051 Twng A, Getzwunge B   1052 im H.

an dem keiser innen wart
1055 daz sîn bete niht vervie,
er müeste sagen wie ez ergie,
er sprach: «vil rîcher herre mîn,
durch iuwer güete müge ez sîn,
sô lânt ez iu durch got gezemen
1060 daz ir von mir geruochet nemen
tûsent marke. die gib ich
daz ir der bete erlâzent mich.»
dem keiser nôten began,
er sprach: «Gêrhart, nû sag an,
1065 wie ist daz guot sô lîhte dir
daz dû sô ringe biutest mir
tûsent mark, daz ich dich
der bete erlâze? des muoz ich
immer mêre in wunder sîn.»
1070 «daz sag ich iu, herre mîn,
durch waz ich iuz geboten hân.
hæt ich guotes iht getân
durch mînen schephære,
daz wurde unlobebære
1075 swenn ich mich des vlizze
daz ich ez im verwizze.
er weiz wol ob ich inder hân
guotes iht durch in getân.
des kan er mir gelônen wol;
1080 dar umb ich michs niht rüemen sol.»
Dô der keiser hôrte daz,

1054 innēt A 1056 wiez H. 1057 vil A *fehlt* B 1058 mvg AB
1059 ez iu] ess B, iv AH. 1061 march A 1064 nvA *fehlt* B 1067
marke H. 1068 erlyess B 1071 üch B; geboten? gebeten? A, gebetten B 1072 hat A, hæte H.; icht gützz A 1074 vnlobewære
A, vnlonbære BH. 1077 inder A, liden B 1079 gelouben B 1080 Da
uon ich ess nit B; umbe H.

sîn vreude wart ein teil ze laz.
er dâhte in sînem muote:
«ach herre got der guote,
1085 wie komt ez sô daz dirre man
sich baz dan ich versinnen kan,
und ich ze rehte bin genant
keiser über rœmisch lant?
daz sich ein koufman baz verstât
1090 dan mîn keiserlîcher rât,
daz muoz immer müen mich.
herre got, nû bitt ich dich
daz dû nû vergebest mir
swaz ich hân missetân gên dir.
1095 swâ ich mich versprochen hân,
dâ wil ich dir ze buoze stân
ûf die grôzen güete dîn.»
er sprach: «Gêrhart, nû lâ sîn,
sage mir des ich an dich ger.
1100 ich bin alsô bewîset her
daz dû gar sunder valschen ruon
ez maht gewærlîchen tuon.»
der guote man sprach aber dô:
«herre mîn, wær ez alsô
1105 daz gotes wille wære dran
(des ich niht rehte wizzen kan),
ez wær iu niht biz her verseit,
daz wizzent von der wârheit.»
«ez ist niht wider gotes gebote;
1110 wan ich bitte dich in gote

1082 ze A *fehlt* B   1084 An gott den herren gûte B   1085 kompt B, chvmt AH.   1088 romischez A, römsche B, *vgl. z. B.* 112   1089 ain B, sin A   1090 den A   1091 mv̄n A, mügen B, müejen H.   1098 es múss sin B   1099 das B   1100 gewysset B   1107 wære H.; iv A *fehlt* B   1109 gotz gebot A   1110 got A, gûte B

daz dû mir es niht verdagest
und mir die rehten wârheit sagest.»
«herre, sît ez nû muoz sîn,
sô weiz doch got den willen mîn,
1115 daz ich ez betwungen tuon
und niht durch weltlîchen ruon»
sprach der guote Gêrhart,
dô er der bete erbeten wart.
　　Sît ez ist komen ûf daz zil
1120 daz er ez selbe sagen wil,
sô lânt der rede mich gedagen.
lâzen wir in selben sagen
der rehten wârheit urhab hie,
wâ von er den namen vie
1125 daz er der guote wart genant.
ûf daz gestüele er saz zehant,
als in der keiser selber hiez,
der in der bete niht erliez.
alsus begund er sagen dô:
1130 «herre, ez fuogte sich alsô,
dô der vater mîn verdarp
und in der werdekeit erstarp
daz er in sîner genôzschaft
an lobe erwarp alsolhe kraft
1135 daz man in wîte erkande,
und er in dem lande
den liuten was vil wert erkant,
dô wart sîn erbe mir benant,

1111 mich ess BH.　　1119 daz A, ain B　　1120 selb A, selber B
1121 lauss B; bedagen B　　1122 selbe A, selber B　　1123 warheit A
fehlt B　　1124 er B, der A; gevie AH.　　1126 saz er A　　1127 selber
B *fehlt* AH.　　1129 Also B; begunde H.　　1133 Daz er A, Der B;
gnôzschaft H.　　1134 alsoliche A, sölliche B　　1137 D. besten wz
wol e. B

```
          wan ez ouch ze rehte mîn
1140      von rehtem erbe solte sîn.
          des was in solher mâze vil
          daz ich für guot ez dulden wil
          und ouch genuoc dô dûhte mich.
          lieber herre, dô tet ich
1145      als ieglîcher gerne tuot:
          ich vleiz mich des daz ich mîn guot
          ze bezzerunge kêrte
          und mit gewinne mêrte
          durch einen sun, den gab mir got.
1150      an dem vand ich sîn gebot
          gehœhet nâch dem willen mîn;
          got tet mir minneclîchen schîn
          an ime sîne güete.
          daz trôste mîn gemüete,
1155      wan ich wol sach an im daz er
          wuohs nâch mînes herzen ger.
             Dô der began in sîner jugent
          minnen manlîche tugent,
          des was ich herzenlîchen vrô.
1160      in mînem muote dâhte ich dô
          daz ich wolte durch in lân
          mîn guot an einer wâge stân,
          ob ich erwerben möhte mite
          daz man in durch die alten site
1165      den rîchen Gêrhart hieze
          und man in niht verstieze
          des namen den mîn vater liez,
          den man den rîchen Gêrhart hiez
          von sîner rîcheit, der er phlac
```

1139 von B   1140 Ze B; söllte B   1142 für got ez A, es vergůt B
1148 min B   1152 wunenklichen B   1153 im AH.   1155 s. wol B
1156 beger B   1161 wallte ich B

1170 wirdeclîchen manigen tac.
ditz wolt ich lâzen an ein heil.
ich lie mînem sun ein teil
guotes, daz er solte hân,
dâ mit er möhte sich begân,
1175 wolt er sîn ein wîser man.
silbers nam ich von im dan
daz fünfzic tûsent marke wac.
swâ gewin an koufe lac,
des fuort ich vil mit rîcher kraft
1180 mit mir in die heidenschaft.
dô ich des ze râte wart,
dô hiez ich spîsen ûf die vart
mîn schif ze drin jâren.
in mîner phlege wâren
1185 wîse marnære guot,
den was erkant des wâges fluot.
ein schrîber ouch bî mir beleip
der mîn zerung ane schreip
und der durch got mir âne strît
1190 begie die siben tagezît.

Dô ich nâch mînem willen wart
wol bereit ûf mîn vart,
als mich mîn herze lêrte,
mit mînem guote ich kêrte
1195 hin über mer gên Riuzen,
ze Liflant und ze Priuzen,
dâ ich vil manigen zobel vant.
von dannen fuor ich gên Sarant,

1174.1175 *umgestellt* B 1174 mite H. 1175 Wöllt B 1177 fṽnfzich A *fehlt* B 1179 fûrte BH.; mit B *fehlt* AH.; rîche H. 1182 pfiffen B 1184 pflichte B 1185 Vil w. B 1188 Der mir min B; zervnge AH.; an AH. 1190 diu H. 1192 min A, die B, mîne H.
1196 *zweites* ze B *fehlt* A 1198 kerte ich gegen Santant B

ze Damascô, ze Ninivê.
1200 dâ vand ich rîches koufes mê
von manigem rîchen phellôl dâ
dan in der welt ie anderswâ;
der ich sô vil an mich gewan
daz ich mich des vil wol versan,
1205 swenn ich wider kæme,
daz zwigülte næme
mîn silber wider und dannoch mê.
dô huob ich mich dan ûf den sê
und wolte wider wenden.
1210 mir was mit manigen enden
mîn dinc sô gar ze wunsche komen
daz mir niht fürbaz mohte vromen
ein wunsch in dem ich solte
erdenken swes ich wolte.
1215 mîn wille was sô volbrâht,
solt ich es immer hân gedâht,
ich hæte niht erwünschet baz.
ûf mîn triuwe sprich ich daz.
 Nû wând ich daz der wille mîn
1220 alsô verendet solte sîn
als er von êrst begunde.
dô huob sich an der stunde
mit ungewitter winde vil.
die jagten uns an dem zil
1225 mit grôzer kraft in starker maht
zwelf tage und zwelf naht,

1199 Ze tanmasco ze n. B, Ze damasco vnd ze n. AH.   1201 Von A, Vnnd B; phelle AH., *vgl. z. B.* 3587, 5937   1202 ie A, nienan B   1204 vil A *fehlt* B   1205 Swen A, Wenn B, swenne H.   1206 tzwygülte B, ich zwiualtich AH.   1208 dan A, wider B   1211 g. wole k. B   1214 wass B, swaz H.   1216 Söllt B   1218 mîne H.; spriche H.   1219 *Kein Absatz* B; vand B, wânde H.   1221 erste B   1222 sich B *fehlt* A   1226 vñ z. A, vnnd alss mengē B

daz wir die wîl gewunnen
nie wintstille noch sunnen,
wan uns vil manic ungemach
1230 von winden sunder twâl geschach.
dô kâmen wir, als ich iu sage,
an dem drîzehenden tage
für ein gebirge, daz was hôch,
daz sich gên solher vrömde zôch
1235 daz ich dâ bî mir niemen vant
dem daz gebirge wær erkant,
und der mir des verjæhe
daz er ie mê gesæhe
in allen sînen jâren
1240 die wilde in der wir wâren.
nû begund daz weter linden;
nâch den vil starken winden
wart der tac schœn unde klâr.
dâ wart vergezzen, daz ist wâr,
1245 swaz uns leides ie geschach.
doch liten wir grôz ungemach
durch vorhte der unkünde.
uns hâten brâht die ünde
für daz gebirge in eine habe.
1250 dô sante ich einen marner abe
ûf daz gebirge und hiez in spehen,
ob er indert möhte sehen
dekeiner slaht erbouwen lant,
daz er uns tæte daz bekant.
1255 Ditz geschach. der schifman
huob sich ûf daz gebirge dan

1227 wile AH. 1228 Hie w. B, w. n. H. 1229 me B 1231 komen
AH. 1232 dritten B 1235 mir A *fehlt* B 1236 wære H. 1244 dô H.
1246 Noch B 1248 heten AB 1252 er yemen B 1253 Derheiner
slaht erbŭwen A, Zŭ kainer maht jr buwen B, d. slahte erbûwen H.
1255 *Kein Absatz* B; Dass gesach B

and wolte sehen ob im erkant
indert wurde ein bûhaft lant.
dô sach er vor den bergen stân
1260 ein breit gevilde wol getân,
ze wunsch erbouwen, als er jach.
er seite daz er nie gesach
ein lant daz im geviele baz.
swie verre erz mit den ougen maz,
1265 daz lant sich im entseite
an wîte, an lenge, an breite,
daz im ninder wart erkant
wâ diu gegen und daz lant
an wîte, an lenge ein ende nam.
1270 dô er ûf die hœhe kam
der berge, als ich in dâ vor bat,
dâ sach er ligen eine stat
vor dem gebirge bî dem mer;
diu dûht in wol bereit ze wer
1275 mit werlîchen türnen vil.
die grœze ich eben mâzen wil
ze dirre stat ze Kölne hie.
daz mer ein teil ir umbe vie;
anderhalp ein wazzer vlôz,
1280 daz was schifmæze unde grôz,
des wârn die burggraben vol.
diu stat was gevestent wol
für vîentlîchen ungewin.
drî strâze truogen drin
1285 koufes von dem lant genuoc.

1257 im A, nieman B   1259 dem berge B   1261 wunsche H.; er
bŏwen A, ir buwen B   1265.1266 *umgestellt* B   1267 nieman wz B
1268 gegend A, gegene H.   1272 dô H.   1274 dovcht A, dûhte H.
1276 messen B   1277 Zû der B   1278 vmb AB   1280 schifmæz A,
schiffmessenn B   1283 figentlichenn B   1285 lannde BH.

45

        daz mer zer vierden porte truoc
        koufschatz von der heidenschaft.
        der marner sach mit grôzer kraft
        die liute von dem lande varn
1290   gegen der stat mit grôzen scharn
        mit karren genuogen,
        die gên der veste truogen
        von koufe manige rîcheit.
        im wart der strâze slac verseit
1295   von manigen olbenden.
        er sach ze den drin enden
        sô manigen mûl, ros unde wagen
        geladen ûf den strâzen tragen
        von der veste und wider in
1300   sô grôzen koufschatz durch gewin
        daz er mir vil tiure swuor,
        swar er des landes ie gefuor,
        daz er gesach nie anderswâ
        sô grôzen market alse dâ
1305   noch alsô maniger hande kouf.
        von liuten was der zuolouf
        sô grôz daz er bî gote jach
        daz er nie grœzer her gesach.
        Dô dem marner wart erkant
1310   diu stat, diu gegen und daz lant,
        er kam und seite mære
        wie ez ergangen wære,
        und waz er hæt ersehen dâ.
        dô fuoren wir des endes sâ

1286 zû der porten B   1287 Kouffmanschatz B *fast immer*
1290 mit AB, in H.   1294 d. verte niht v. B   1296 den A *fehlt* B
1297 mvl A, vol B   1298 die B   1299 V. d. strausse wider j. B
1300 gross kouffmansatz B   1301 uil roten B   1302 Was e. l. B
1304 also B   1305 also A *fehlt* B   1307 er B *fehlt* A   1309 Do A *fehlt* B
1310 gegend A, gegene H.   1311 k. sagennde B   1313 hæte H.

1315	gên der guoten vesten dan.
	swaz mir der selbe schifman
	hâte von der stat geseit,
	dâ vand ich des die wârheit
	zwir als vil nâch wunsche gar.
1320	dô ich kam in die veste aldar,
	die burger wâren heiden
	und doch sô wol bescheiden
	daz sî mich wol gruozten;
	dâ mit sî mir buozten
1325	mîner herzenswær genuoc,
	die ich durch nôt von vorhten truoc.
	dâ von ich einen trôst gewan.
	dô sach ich her hin unde dan,
	ob ich iemen möhte hân
1330	an den ich mich getörste lân
	geleites mînem guote,
	des vride mich behuote.
	dô sach ich vil schier einen man,
	des ich trœsten mich began,
1335	dort her vil hêrlîchen gân.
	der was sô manlîch getân
	daz mich dûhte an sînen siten
	ich solte in geleites biten.
	dem drungen edel ritter nâch
1340	und knappen vil. dô was mir gâch
	durch daz gedranc gên im dort hin,
	und wolt im sagen mînen sin.
	Der edel werde wîgant

1318 dez vand ich eine w. AH.   1320 kom AH.   1323 wol A *fehlt* B
1324 Darmit B, dâ mite H.   1325 hertzen swære AH., herñ swär B
1326 D.d.n.j. uss v.t. B   1327 ain B   1330 getörst *auf Rasur* A,
törste B   1333 schir A, schiere BH., *vgl.z.B.* 1610   1336 manlîche H.
1338 söllte B   1339 edele H.   1341 Vor dem B   1343 edele H.

begund grüezen mich zehant
1345 in heidensch, als er mich gesach.
dô er gruozes mir verjach,
ich neig im, sam man gruoze sol.
doch dûhte in des, er sach vil wol,
sam die wîsen dicke tuont,
1350 daz ich die sprâche niht verstuont.
dô sprach der fürste kurtoys:
‹sagent an, verstât ir franzoys?›
‹jâ, herre, mir ist wol erkant
beidiu sprâch und ouch daz lant.›
1355 ‹sô sint gesalûieret mir.›
ich sprach: ‹gramarzî bêâ sir›
von herzen vrœlîche.
dô sprach der fürste rîche:
‹lieber herre gast, nû saget,
1360 waz hât iuch in ditz lant verjaget?
sint ir ein Franzoys oder wer?
von welhem lande koment ir her?›
dô seit ich im ze mære
daz ich ein koufman wære
1365 von tiutschen landen verre.
dô vrâgte mich der herre
waz ich in dem lande dâ
suochte. ich antwurte im sâ:
‹dâ wart mir von wârheit
1370 in der heidenschaft geseit,
hie wære ein market jæriclich

1344 begunde H. 1345 heidenisc A 1347 genesen B, grüezen H.
1348 doch A, Da B, dô H. 1351 kurthois B, gvrteis A, kurteis H.
1352 franceys A, franzeis H., *vgl. z. B.* 2159 1354 sprâche H.; die B
1356 gramarzi besayr A, gramtzibeasir B 1359 her AH. 1361 Sind
A, Sid B, sînt H. *fast immer*; frantzeys B 1362 Oder uss w. B;
komēd A, kompe B 1363 sagt B, seite H.; jme märe B 1368 antwurt H.; ime AH. 1369 Do B 1371 margkt jr gelich B; jæreclich H.

ze dirre zît. dô huob ich mich
mit mînem koufschatz in ditz lant.
den grœsten kouf den ich vant
1375 den hân ich endelîche
mit mir brâht in ditz rîche.›
    Dô der herre hôrte daz,
dô vrâgte er mich fürbaz
ob man mich kristen nande,
1380 und ob ich iht erkande
den touf nâch der kristen gote.
ich jach daz ich nâch gotes gebote
von Kristo kristen wær genant.
dô sprach der fürste sâ zehant:
1385 ‹sît daz ir an dirre zît
her alsô verre komen sît
ze êren mînen herren,
sô sol iu hie niht werren
an lîbe noch an guote.
1390 in mînes herren huote
wil ich enphâhen iuwer guot.
swer iu hie iht leides tuot,
der schade sî ûf mich gezelt.
swaz ir ouch verkoufen welt
1395 oder koufen hie, daz sol
belîben gare âne zol
durch mînes herren êre.
noch wil ich fürbaz mêre
iuch êren baz durch iuwer vart.
1400 daz iu sô liep mîn herre ie wart

1373.1374 *umgestellt* A   1374 grosen B   1377 *Kein Absatz* A
1380 icht A, nüntz B   1381.1382 got : gebot A   1383 V. cristen B,
v. Kriste H.; wære H.   1387 mînem H.   1388 üch B; niht BA *fehlt* H.
1391 üwer B, ivr A, iwer H. *fast immer*   1394 ir och B, ⱪch ir AH.
1396 gar AH.   1400 m. h. so lib A; ie A *fehlt* B

	daz ir den market hânt gesehen,
	des sol iu sælde hie beschehen
	sunder herzeclîchez leit.
	ich wil durch iuch der kristenheit
1405	ein habe machen vrî.
	diu ist gelegen hie nâhen bî,
	die lêch mir mînes herren hant.
	swaz guotes wirt dar in gesant
	ân urlob, daz sol immer sîn
1410	hinnen für von rehte mîn.
	daz lêch mir ledeclîche
	der edel künic rîche
	von Marroch mit sîner hant.
	dar zuo bevalch er mir ditz lant.
1415	daz hât in mîn gebot gesworn:
	swaz mir kinde wirt geborn,
	der sol ez ouch ze rehte sîn
	mit dem rehte als ez ist mîn.
	Sô der market sol ergân,
1420	sô sî diu habe vrî verlân
	durch iuch der kristenheite gar.
	nû kêrent hin und nement war
	waz herberg ir geruochent.
	als ir die wol versuochent,
1425	sô wirt sî iuwer sâ zehant
	sunder zins und âne phant
	biz dirre jârmarket wert.
	dâ bî wizzent, swes ir gert
	durch dekeine nôt an mich,
1430	ûf mîn triuwe, daz tuon ich.›

1402 geschehen H.   1403 hertzeliches B   1405 eine H.   1406 Die B   1407 Div A   1411 ledekliche BH.   1419 Do B   1423 herberge H.   1424 wol A *fehlt* B   1427 iarmarcht AB, *vgl. z. B.* 1304, 1371   1430 mîne H.; trüwe B, triwe AH. *fast immer*

der geheize wart ich vrô.
ich sagte dem herren dô
genâd unde grôzen danc.
sîn trôst mit vreuden under swanc
1435 swaz mir leides ie geschach
durch vorhtelîchez ungemach
in dem vrömden lande dâ.
mich fuorten sîne knappen sâ
hin dâ ich herberge nam.
1440 eine diu mir wol gezam,
die man dâ vor zer besten
nande ie allen gesten,
die rûmden sîne knappen mir
gar nâch mînes herzen gir.
1445 dô vrâgte ich sî der mære
wie er geheizen wære
der dise zuht an mir begie
daz er mich alsô wol enphie.
dô tet ein knappe mir bekant,
1450 daz er Stranmûr wær genant.
er was lantgrâve überz lant,
burggrâve in der stat genant.
er was sô wol bescheiden,
swie er doch wær ein heiden,
1455 daz ich im immer sunder spot
wünsche heiles umbe got.
    Nû lobt ich got der güete
daz er mîn ungemüete
sô gar ze vreuden kêrte

1433 Gnaud B, genâde H.   1434 *Absatz* B   1440 einiv A
1442 nante AH.; jr B   1447 disiv A   1448 also B, so AH.
1450 straimur A, stramůnt B, *vgl. z. B.* 1708; wz B, were AH.
1452 *fehlt* B   1454 wass B, wære H.   1455 im A *fehlt* B   1457 lobte
H.; den gůten A, *vgl.* 1871   1458 mich vngemůten A

1460 und mîne vreude mêrte
sô sæliclîch an einem man
des ich ê künde nie gewan
wan dô an der einen stunt,
dô mir wart von ime kunt
1465 sîn reht an der selben habe,
und ich sô sæliclîche drabe
was gescheiden âne wanc.
des seite ich gote grôzen danc
der die gnâde an mir begie.
1470 dô ich an mîn gemach mich lie,
der herre bôt mir êren vil,
und ûf sîner vriuntschaft zil
gebôt er, swaz ich wolte,
daz ich daz sprechen solte.
1475 sîn zuht mich fürbaz werte
mê danne ich an in gerte
geselleclîcher triuwe.
sîn triuwe was mir niuwe,
und ich mit bete in treip dar an
1480 daz er dutzen mich began.
sus leist er mir in lieber kraft
getriulîche geselleschaft.
nû bat er eines tages mich
in der geselleschaft daz ich
1485 in mînen koufschatz lieze sehen.
daz was mir liep. ich lie in spehen
swaz ich koufes brâhte dar.
den begund er schowen gar.
er dûht in edel unde rîch,

1461 sälliklichenn B, sæleclîche H.; einen A, minē B 1465 Sin A,
Ain B 1468 gote A *fehlt* B 1469 genad A, genâde H. 1470 D.
ich mich a.m.g. verlie B 1479 Vnnd B, Hvntz A, unz H. 1480 m.
dvtzen A, ditzn m. B 1482 getrwlich A 1488 begunde H.
1489 Er dv̆cht in A, Durch ain B, er dûhte in H.

1490 und daz im nie niht gelîch
in solher rîcheit wurd erkant
über elliu heidischiu lant.
　Sus kêrte er wider dan ze mir,
er sprach: ‹Gêrhart, ich sag dir,
1495 dû hâst die grœsten rîcheit brâht
der hie ze lant ie was gedâht
enkeinem einigem man.
niemen in vergelten kan
in disem lande âne mich.
1500 wil dû, sô lâz ich schowen dich
mînen koufschatz den ich hân.
behagt dir der, ez sol ergân
ein wehsel von uns beiden hie.
ich wil dir rehte sagen wie
1505 ez ist umb disen kouf gewant.
bringest dû in in dîn lant,
dû maht sîn wol geniezen vil.
hie frumt er niht. dâ von ich wil
mit dir koufen, ob dû wilt.
1510 ob dich gewinnes niht bevilt,
sô maht dû wol gewinnen dran.›
ich sprach: ‹swâ ich gewinnen kan,
dâ tuon ich gar swaz iemen tuot
umbe reht gewunnen guot.›
1515 ‹ditz ist ein reht gewunnen guot.
gulte ez mir als ez dir tuot
in dînem lande, ez wurde mir
vergolten nimmer gar von dir.›

1491 wurde H.　　1492 alle B; haidische B, hednischiv A, heidenischiu H.　　1494 sage H.　　1496 land AB, lande H.; ward B 1497 Da kainen ainigen B　　1500 lâze H.　　1502 der A, dz B 1508. 1509 *fehlen* B　　1510 Ob d. g. n. verdriessen will B　　1511 geniessen B　　1514 rechte AH.; gewinne A　　1515 *fehlt* B; rehte H.

Nû wând ich daz ich solde
1520 von silber und von golde
schowen kouflîchen gewin.
dô fuorte mich der wirt dort hin
in eine kemenâten.
die wând ich wol berâten
1525 von grôzer rîcheit funden hân.
der was sî gar an guote erlân,
doch beslôz sî guotes vil,
als ich iu bescheiden wil.
sî was mit guote und ân guot,
1530 mit rîcheit und mit armuot
bewart vil vesteclîche.
dâ vand ich jæmerclîche
zwelf ellenthafte ritter guot
mit starken banden wol behuot,
1535 die alle in boyen lâgen
und unvreude phlâgen.
ie an zwein ein boye lac,
diu sêre und niht lîhte wac,
dâ sî versmidet inne wâren.
1540 vil bî gên drîzic jâren
was ir ieglîches jugent.
sî wâren êrst von kindes tugent
gewahsen nâch manlîcher art.
die êrsten grane truog ir bart,
1545 die man nie dâ vor versneit.
swie sî trüegen herzenleit,
sî wâren alsô minneclich

1519 wânde H. 1521 gwin H. 1524 wand *aus* vand *korr.* A, vannd B, wânde H. 1526 des H.; si *über durchgestrichenem* ich A 1528 iu *übergesetzt* A, v̆ch B 1529 âne H. 1533 Z.r.e.g. B 1535 poyen A, bügen B 1536 vnsûre B 1537 poyge A, baige B 1539 jnne v. BH. 1540 bi gen A, begeneten B 1544 græne A, grauwe B 1547 als AH.

daz des begunde dunken mich,
in wær der wunsch an schœn ergeben,
1550 ob sî mit vreuden solten leben.
daz was mit jâmer in benomen;
ûz vreuden was ir herze komen
in klagender swære ûf sorgen zil,
der sî mit jâmer truogen vil.
1555 Sus was diu kemenâte
gar âne guot mit râte.
dâ was niht guotes in geleit
wan diu reine werdekeit,
diu an den edlen rittern lac
1560 der diu vancnüsse phlac.
ir nôt began mîn herze klagen,
mit klage ir bürde mit in tragen,
daz sî mit solher ermekeit
liten sô grôz herzenleit.
1565 des herzen vreude ich senke
swenn ich an sî gedenke.
ir klagendez leit mich immer swirt.
dô nam mich bî der hant der wirt,
er hiez mich fürbaz mit im gân,
1570 er wolde mich noch schowen lân
grœzern koufschatz anderswâ.
dô gieng ich mit im aber sâ
und wânte des. sus volget ich
durch schowen. fürbaz fuort er mich
1575 in ein ander kemenâten.
dô wir dar in getrâten,
dô begunde ich umbe sehen

1549 wære H.; schon B, schœne H.   1551 Dz B, Div AH.
1560 vangknusse B, vaknvsse A, *vgl. z. B.* 5438   1561 begund B
1563 armicheit A, armekeit H.   1565 Dass hertze vss fröde ich
schengke B 1567 birt B 1568 an die h. B 1571 Grozen AH. 1572 Do
gieng ich aber fürbass sa B   1573 dass B   1577 Da A

wâ und wenne ich solte spehen
den grôzen kouf den er mir bôt.
1580 dô vand ich in gelîcher nôt
den selben funt den ich dort vant,
an dem ich leides wart ermant.
Der funt was mir sô swære
und alsô klagebære
1585 daz in mîn herze kûme truoc.
ob ich ê vreuden ie gewuoc,
diu muoste mir dô verren.
ich sach zwelf alte herren
ouch dort in boyen sitzen,
1590 die mit vil guoten witzen
wol volkomen wâren,
vil nâch gên sehzic jâren.
die wâren grâ und wol gevar.
an houbte und an barte gar
1595 was in daz hâr ergrîset.
sî dûhten mich geprîset,
als ich ez an in mohte sehen.
mîn herze in des begunde jehen,
in wær des wunsches vlîz bereit,
1600 wæren sî ân herzenleit.
des jach mir ir gebâren.
ie zwên und zwên wâren
in eine boyen geleit.
ir klegelîche arbeit
1605 klagte ich für der jungen pîn;
wan sî geêret solten sîn

1585 kum er trûg B   1586 e A *fehlt* B; genˇch A   1589 poygen
A, baigen B   1592 Sechtzehen B   1595 gryse B   1596 m. ze pryse B
1599 wære H.   1602 zwêne und zwêne H.   1603 In einen poyen A,
An ain baig B, in e. boye H.   1604 klägliche a. B, klegelichiv arebeit A
1606 Wz sy begerten sollte sin B

durch ir alter für die jugent;
wan junges herzen frechiu tugent
dicke wirt versêret,
1610 daz sich doch schier verkêret.
diu jugent über windet
dâ von daz alter swindet:
diu jugent lîdet manic nôt
dâ von daz alter nimt den tôt.
1615 durch daz was mir ir arbeit
von herzen durch ir alter leit.
 Dô ich ir klagendez ungemach
mit klegelîcher swære ersach,
ez tet mir von herzen wê.
1620 dô sûmde sich der wirt niht mê
und ich mit im. wir giengen dan.
dô fuorte mich der werde man
fürbaz von der armen schar.
dô ich gesach ir kumber gar,
1625 der wirt gelie mich von im nie.
an sîner hant ich mit im gie
in eine kemenâten hin.
dâ vand ich süezen gewin,
der wol an mannes muote,
1630 an lieb, an vreude, an guote,
an wirde und an sælde treit
manlîcher vreuden sælikeit,
der al der welde zaller zît
mit hôhem muote vreude gît.
1635 der koufschatz in dem lande was
an zuht, an sælde ein spiegelglas,

1610 schiere BH. 1612 frömdet B 1616 D. i. a. v. h. l. B 1617 ir A *fehlt* B 1620 funde B 1622 d. vil w. A 1625 lyes B 1626 an A, Vss B 1630 lib B, leib A, liebe H. 1631 würde B, wirden AH.; selden AH. 1632 vrevden A *fehlt* B; sælekeit H. *fast immer*

an triuwe, an güete ein adamas;
wan daz im getrüebet was
sîn liehter schîn von swære grôz,
1640 wan in vil dicke begôz
ein regen, der ûz jâmer ran
von herzen daz in jâmer bran.
　Nû begund ich umbe schouwen.
dô sach ich werder vrouwen
1645 fünfzehen sitzen dort.
daz was der kouflîche hort
von dem ich hie gesprochen hân.
sî wâren alsô wol getân
daz mich des immer wunder hât
1650 wie got sô wunschelîchen rât
an sî nâch wunsche kêrte,
dô er mit kunste mêrte
an ir lîp alsolhen vlîz.
guot gelimpf ân itewîz
1655 und wîbes prîs an güete,
zuht in hôchgemüete
mit werendes willen stætekeit
was den vrowen ie bereit
mit des wîbes klârheit gar,
1660 an dem der wunsch mit kiusche bar
sîne süeze lebende fruht
mit schœne in wîplîcher zuht,
mit güete sunder gallen.
von disen vrowen allen
1665 wil ich nemen eine.
diu edel und sô reine

1638 jm B, ein A　　1640 offte B　　1643 begunde H.; vmb AB
1647 ye B　　1650 wnschlichen AH., wunekliche B, *vgl. z. B.* 3353, 3356
1652 künste H.　　1653 lîbe H.　　1659 willen B　　1660 an den A, an
der H.; kvsche A, wunsche B　　1662 wilklicher B　　1666 edele H.;
so AB, diu H.

    was ob in gar sô schœne
    daz ich ir schœne krœne
    ob allen vrowen schône
1670 mit des wunsches krône.
    Ir minneclîcher varwe glanz
    truog an schœne alsolhen kranz
    daz sî der vrowen schœne truoc
    daz ir schœne under sluoc
1675 aller vrowen schœne.
    durch die schœne ich krœne
    ir lîp, ir süeze werdekeit.
    an ir schœne was geleit
    des minneclîchen gotes vlîz.
1680 ir munt was rôt, ir kele wîz,
    ir hiufel rôselohtez brehen
    bî lilien varwe liezen spehen
    an ir liehten wengeln gar,
    sî wâren missewende bar;
1685 ir ougen lûter unde klâr,
    lieht, reideloht ir hâr,
    sleht, in rehter wîze val;
    wol geschicket unde smal
    was ir minneclîcher lîp.
1690 daz edel wol geborne wîp
    was nâch wunsche vollekomen
    und valschem wandel gar benomen.
    an schœne, an güete, an kiuschen siten
    was niht an ir geburt vermiten.

1668.1669 *fehlen* A 1671 *Kein Absatz* AH.; Ir minnekliche A, Sid minneclîcher B, ir minneclîchiu H. *nach* 1673 die si mit schöne vnder slṽk Ir lip so hohe schöne trṽk AH. 1676 schön A, schönen B 1677 süssen B 1679 Der minneclich B 1680 kel wz wyss B 1681 hüffel B, hvfel A 1682 liljen H. 1683 wengel A, wangen B 1684 Sy wass B 1686 Liechte raideliche haur B 1688 sinwal B 1690 edele H. 1691 vol chomen AH. 1692 valsches B

1695 swie ein wol gelobtez wîp
sol sîn geprîset und ir lîp,
des hâte sî den besten teil.
ich wart es trûric unde geil
daz ich die guoten ie gesach.
1700 ich trûrte durch ir ungemach
und vreut in mînem herzen mich
daz ich sî sach sô minneclich.
　　Dô ditz alsus gar geschach
und ich die vrowen reht ersach
1705 und ouch die armen ritterschaft
in alsô kumberlîcher kraft,
dô fuorte mich hinwider dan
Stranmûr, der ellenthafte man.
er sprach: ‹hâstû ditz wol gesehen?›
1710 ich seite: ‹jâ.› ‹nû solt dû jehen
ob dû wilt koufen.› ich sprach: ‹waz?›
‹hâst dû niht gesehen daz?›
‹ich wart hie anders niht gewar
wan einer nôtigen schar,
1715 diu hât ein angestlîchez leben.›
‹die wil ich dir ze wehsel geben.›
‹waz sol mir diu?› ‹daz sag ich dir.
möht ich sô vil geniezen ir,
ob dû wilt, alsame dû,
1720 ich gæb ir niht sô lîhte nû.
swer rehter lôsung an sî gert,
der ist wol an in gewert

1695 wol A *fehlt* B　　1697 hette B　　1698 dess B　　1701 frögt B,
vreute H.; gemüte B　　1703 gar A *fehlt* B　　1704 rehte H.
1705 vch A *fehlt* B　　1708 Cramier B　　1710 sollte ich B　　1713 hie A
fehlt B; gebar A　　1717 div A *fehlt* B; sage H.　　1718 gemassen B
1719 alsam AH.　　1720 So gäb ich nit alss l. nun B; gæbe H.
1721 lôsunge H.

        hundert tûsent marke.
        er möht in sîner arke
1725   niht gewissers guotes hân,
        wil er sî mit gedinge lân.
        wær mir gelegen baz ir lant,
        ich hæte an in vil rîchiu phant
        für hundert tûsent marke gar;
1730   sô wol erkenne ich dise schar.›
        Dô vrâgt ich in sâ zehant
        wie ez wær umb sî gewant.
        er sprach: ‹daz wil ich sagen dir,
        wie sî von êrste wurden mir.
1735   sag an, weistû Engellant?›
        ‹jâ, daz ist mir wol erkant.›
        ‹von dem lande sint geborn
        die werden ritter ûz erkorn.›
        ‹waz hât sî danne her gesant
1740   ze vancnüsse in ditz vrömde lant?›
        ‹dâ fuoren sî von lande
        mit einem wîgande,
        der was Willehalm genant,
        ein junger künic von Engellant,
1745   ze Norwæge in daz rîche.
        dem antwurte êlîche
        des landes künic die tohter sîn,
        die hôchgemuoten künigîn,
        die man dich dort lie schouwen
1750   bî vierzehen vrouwen,

1724 mocht A, möhte H.   1725 gewysser güte B   1726 er si A
duss B; lan A, thûn B   1728 richer B   1730 disiv A   1731 fraugte
B, vrâgte H.   1732 wære H.   1734 erst A, ersten B, *vgl. z. B.* 1221
1736 bekannt B   1739 dann B, denne AH.   1740 vangknusse B,
vachnvsse A; vromde A *fehlt* B   1741 von dem l. B   1743 wilhelm B   1744 küng B, künec H. *fast immer*   1746 antwurt H.;
liche B   1748 küngin B, künegîn H. *fast immer*   1750 jnngkffrowen B

daz sî diu fünfzehende saz,
an der got wunsches niht vergaz.
daz ist Reinmundes kint.
sî und ir ritter warf der wint
1755 in eine habe, diu ist mîn.
des müezen sî ze rehte sîn
hinnen für hinz ûf daz zil
swie ich in gebieten wil.
(daz lêch mir mînes herren hant,
1760 als ich dir tet hie vor bekant.)
  Wilt dû die koufen umbe mich,
die gib ich dir und trœste dich
daz sî zwivalt gelten dir,
swie dû lœsest sî von mir.
1765 doch mac der kouf niht anders sîn
wan swaz ich in dem schiffe dîn
dînes guotes hân gesehen:
dâ mit muoz der kouf geschehen.
hât der künic sînen lîp,
1770 der giltet tiure dir sîn wîp;
ist er tôt oder ungesunt,
sô lât der künic Reinmunt
verderben niht sîn liebez kint.
die dâ bî ir gevangen sint,
1775 der sint ouch eteslîche
vil werde fürsten rîche.
ê daz die lægen lange

1751 waz A, wase B, was H., saz HZ.   1752 vergasse B
1753 reimvndez A, rainundess B   1756 müssend B, mv̈sten A
1757 Man fürt vnns an d. z. B; unz ûf H.   1758 Wz B   1759 leh A,
ieh B; mir B *fehlt* A; land B   1761 Willtu B, Wil dû H.; vmb AB
1762 gibe H.;troste A, tröst B   1764 sy lössest B   1765 Ouch B
1766 scheffe AH.   1768 Dar mit B, dâ mite H.; beschehen B
1771 od H.   1772 rainund B   1775 ettliche B   1777 Das die
engollande B

                    mit solhem getwange,
                    sî gæben dir ê gar ir guot;
1780   alsô weiz ich sî gemuot.
                    des wilden wâges ünde
                    und diu vil grôze unkünde
                    hât in mînen banden sie
                    verborgen von ir mâgen hie.
1785   nû ist ir rîcheit und ir lant
                    dir baz gelegen und erkant;
                    durch daz biut ich sî veile dir.
                    wilt dû sî koufen niht von mir,
                    sô beleit ich doch dîn guot
1790   swar es gert dîn selbes muot
                    und wil gerne stæte lân
                    swaz ich dir geheizen hân.›
                    Ditz dûhte mich vil wunderlich
                    daz er dâ für erkande mich
1795   in sînem wâne alsô gemuot
                    daz ich gæbe sô grôz guot
                    niht wan umb ein blôzen wân.
                    ich sprach: ‹herre, ich wil es hân
                    guoten rât biz morgen fruo.›
1800   er sprach: ‹daz ist mir liep. nû tuo.›
                    mit urlob ich dô von im schiet.
                    des herzen muot mir dicke riet
                    nû sus nû sô, nû her nû hin.
                    ze jungest kam mir in den sin
1805   daz ich got râtes bæte

1779 e A *fehlt* B   1782 *fehlt* B; groz A   1783.1784 si : hie A *fehlen* B   1784 vor BH.   1785 Nv ist r. A, Vinsterichayt B   1786 Ist dier B   1788 Willtu B, wil dû H.   1789 beleite H.   1790 dinss B   1791 gern AB   1793 vil *übergesetzt* A   1795 wane A, mût B   1798 herre A *fehlt* B; hon B, lan A   1800 daz A, ess B, ditz H.   1802 offt geriett B   1804 kom AH.

waz ich dar an getæte,
daz er in daz herze mîn
sande nâch den hulden sîn,
daz mir ze herzen kæme
1810 ob ez im wær genæme
daz ich die armen lôste
von solhem untrôste.
mit disem zwîvel was bedaht
mîn herze biz gegen mitter naht,
1815 ob ich lôste sî durch got,
ob daz wære sîn gebot.
von herzen ich got ane rief,
unz ich mit dem gedanc entslief,
ob ez almuosen wære
1820 oder ob ich ez verbære.
dô ich in solhem zwîvel lac
und mîn des slâfes süeze phlac,
dô kam ein engel und wachte mich
(des dûhte mich). dô wachet ich.
1825 vil ungern ich des jæhe
daz in mîn ouge sæhe:
mîn herze in in dem slâfe sach.
als mir mîn troum dô verjach,
mich dûhte daz er ruofte mir
1830 und nande mînen namen zwir.
‹Gêrhart, wache! slâfest dû?
got vil sêre zürnet nû
daz dû sô wîse sinne hâst,
und doch sô wênic dich verstâst

1806 swaz A; an AB, zuo H.   1808 der hulde B   1809 ze güte B
1810 war B, wære H.   1814 gên H.   1817 an A   1818 hvntz A; gedanke H.   1823 chom AH.; engl H.; vnd A *fehlt* B   1825 ungerne H.
1828 do A *fehlt* B   1829 davchte A   1831 schlauffestu B, slæfest dû H.
1834 doh A, du B

1835	ze gote rehter wîsheit.
	dîn herze einen zwîvel treit
	der wider dînen schepher ist.
	der süeze got, der reine Krist
	mit sîn selbes munde sprach,
1840	dô man in menschlîchen sach
	in menschlîchem bilde gân:
	«swaz einem armen wirt getân
	ze guote, ob ez durch mich geschiht,
	der tuot mir guot, dem armen niht.
1845	ich bin der arme. swâ man siht
	den armen, ob im iht geschiht
	ze guote, daz ist mir getân.»
	durch den trôstlîchen wân
	solt dû âne zwîvel leben,
1850	dir selben vestez herze geben.
	Ez was an dir ein tumber wân
	daz dû verlorn wândest hân
	dekeiner slahte guottât.
	nû habe vestes herzen rât;
1855	wan guottât wart nie verlorn
	diu got ûf dienst wirt erkorn.
	in swelhem lande dû lôstest
	die armen und sî trôstest,
	des næme lôn dîns herzen gir.
1860	tuost duz durch gelt, sî geltent dir;
	tuost aber duz durch êre,
	man lobt dich immer mêre;
	tuost duz durch gotes gebot,

1835 gûte B   1837 dînem H.   1838 got A *fehlt* B   1839 sins B
1842 wirt *auf Rasur* A, würt B   1844 dē a. B, den a. A   1849 Soltu B
1850 selber B   1853 An kainer B   1855 gûttaut B, gv̊tet A
1856 gote H.; dienest H.   1857 lande A, namen BH.   1858 si A
fehlt B   1859 D. namen lant d. B   1860 dvz A, es B   1861.1863 dvz
A *fehlt* B

sô wizzest reht daz dir got
1865 gît umb sî ze lône
die immer wernden krône.›
dô der engel ditz gesprach,
mînen slâf ich durch in brach
und wolt in sehen. dô was er hin.
1870 dô ich erwachet was durch in,
dô lobt ich got der güete
die er in mîn gemüete
nâch sînen hulden sande,
daz ich ze rehte erkande
1875 sîne grôze hulde gar
an der kumberhaften schar.
ich sprach: ‹vil süeziu gotheit,
dû hâst mirs genuoc geseit.
des sî dir, süeziu gotheit,
1880 immer lob und êr geseit.›
    Sus rûmd ich mîne slâfstat.
mînen schrîber ich dô bat
daz er durch got und durch mich
sung eine messe. die hôrt ich
1885 und bat den süezen gotes segen
lîbes unde sêle phlegen
mit sîner süezen huote,
daz ich mit mînem guote
daz beste alsô getæte,
1890 daz ich es inder hæte
verkêre und missewende.
dô ich unz an ein ende

1864 recht A *fehlt* B, rehte H.   1865 Git dier vmb süssen l. B;
umbe H.   1866 wernde A, werennde B   1871 lopte BH.; den
gv̊ten A   1872 daz AH.   1875 grossen B   1877 sv̈ze AB   1878 mirz
A, mier B   1880 ere BH.   1881 rvmd A, vnnd B, rûmde H.
1885 batt B *fehlt* A   1886 l. s. vñ eren AH.   1889 best AB   1890 Dz
yennen hette B   1892 hvntz A

vernam daz gotes ampt hie,
von mîner herberg ich gie
1895 und gab mich in gotes phlege.
dô bekam mir ûf dem wege
Stranmûr von Castelgunt.
der bôt mit gruoze mir zestunt
guoten morgen, senften tac.
1900 mit lachen er des gruozes phlac.
des seite ich im genâde dô.
dar nâch vrâgte er mich alsô:
‹sag, wes hâstû dich bedâht?
waz lêre hât dir dîn sin brâht?
1905 daz solt dû mir verswîgen niht;
wan ich mit dîner vergiht
gerne wizzen wil den rât
den dir dîn sin gegeben hât.›
  Ich sprach: ‹vil lieber herre mîn,
1910 waz sol mîn rât hier über sîn?
mir ist der kouf ze rîche;
sô enweiz ich endelîche
ob ez ir wille ist oder niht.
swie ez ân ir danc geschiht,
1915 sô frumet mir niht, daz ist wâr,
dirre kouf als umb ein hâr.
welt ir des geruochen
daz ir mich lânt versuochen
wie ir wille sî getân,
1920 sô kan ich iuch wizzen lân
mînen sin und mînen rât,
wes mîn herze willen hât.›

1893 ambet H.   1894 herberge H.   1895 V. er gab B   1897 Stramaur A, Sarmunde B; von A *fehlt* B   1898 bott grüsse B   1903 Sage AH.   1904 dîn sin dir H.   1905 solltu B; mich H.   1907 Gern AB 1912 i. nit endliche B   1914 âne H.   1915 So grüwt mir B   1920 iv A

«daz ist mir liep. gesprich sî wol.
vil gern ich dir des gunnen sol.›
1925 «sô sulnt sî mîn geniezen
daz ir sî lânt entsliezen
daz ich sî âne bant gesehe,
unz ich ir willen reht erspehe.›
«daz sî ouch durch dich getân,
1930 und wizzest âne valschen wân
daz mir niemen ist erkant
über elliu heidischiu lant
dem ich sî gæbe âne bant,
wan eine mînes herren hant,
1935 von dem ich guot und êre hân.
nû wil ich dich sî schowen lân
erlôst und ungebunden;
wan ich wol hân befunden
daz dû mit ganzem volleist
1940 getriuwes herzen triuwe treist.›
‹Mîn vil lieber herre,
ir lobent mich gar ze verre.
ich bin niht solhes lobes wert,
wan daz iuwer zuht des gert
1945 daz sî genâde an mir begê,
swie ich es ungedienet stê›
sprach ich zuo dem herren dâ.
dô hiez er sîne knappen sâ
mit mir zuo den herren gân;
1950 die hiez er ûz ir banden lân.

1923 sprich so wol B 1924 gern A, wol B, gerne H. 1925 sollent A, söllennd B, suln H., *vgl. z. B.* 2278 1926 ir söllent e. B 1927 ich schöne b. B 1928 wile r. B, rechten wille A, w. rehte H. 1930 w. du one B 1932 haidesche B, heidenischiv AH., *vgl. z. B.* 1492 1934 eine] one B *fehlt* AH. 1942 gar B, *etwas Undeutliches übergesetzt* A *fehlt* H.; zú seȓ B 1944 dz B *fehlt* A 1950 die A, Do B; ers usser b. B

dô wurden ûz geslozzen
die helde unverdrozzen,
jene dort und dise hie;
zuo ein ander man sî lie
1955 lediclîch enbunden gân.
dô liezen mich die knappen stân,
sî giengen von uns dan hin für.
vil werlîchen vor der tür
sî mit kreften huoten
1960 der werden hôchgemuoten.
nû wâren sî dâ, daz ist wâr,
gevangen mê dan ein jâr,
daz man sî doch ein ander nie
mit ougen an gesehen lie.
1965 daz was ir grœstiu herzenklage
in der vancnüsse alle tage.
dô sî zein ander wâren komen,
dô wart ein schal von in vernomen,
der mich immer mêre
1970 erbarmet alsô sêre.
sî begunden weinen beide
von liebe und ouch von leide
daz in was daz heil geschehen.
daz sî ein ander solten sehen,
1975 daz dûhte sî ein michel heil;
sî wârn in sender swære geil.
Dô sî sô minneclîche
ein ander al gelîche

1951 *fehlt* B   1952 tegen B   *nach* 1952 Vsss den strengen schlossen B   1953 Ene A, Aine B   1955 ledeclîche H.   1957 dann B, stan AH.   1958 die B   1961 wärennd B   1962 mer A, mêre H.; danne H.   1963 doch AB, noch H.   1967 zv̈ ein a. A, zeinen B, ze ein a. H.   1968 ain michel s. B; von in A *fehlt* B   1970 also A, an jr B   1974 solten ein ander A   1976 sender A, söllicher B   1977 Do sy jnnekliche B

mit ir gruoz enphiengen
1980 und sendiu reht begiengen,
in franzoys gruozt ich sî zehant.
diu sprâche was in niht erkant
sô wol als englisch: die kund ich.
dô sî die zunge unde mich
1985 verstuonden, dô geneic mir gar
diu arme vreudelôse schar.
sî sprâchen: ‹herre vater got,
nû wis gelobt daz dîn gebot
uns vil armen hât gesant
1990 ieman dem kristen lant
ist und unser sprâche kunt.
des sîstû gêret und der munt,
des vernunstic wîsheit
die sprâche und unser zungen treit.
1995 lieber herre, sagent durch got
uns vil armen âne spot,
sît ir kristen?› ich sprach: ‹jâ.›
dô wart ich enphangen sâ
sô minneclîche daz ich nie
2000 sô güetlîchen gruoz enphie.
dô half ich in ir kumber klagen
und mit in gemeine tragen
ir gesêrtes herzen pîn,
dô mir wart ir jâmer schîn
2005 und ir herzeclîchez leit,
daz in von nœten was bereit.
  Dô ich ein wîl wol gesaz,

1979 gruoze H.   1981 frantzossen B; gruozte H.   1982 Disse B;
jnn vnbekannt B   1983 engelsch B   1992 sigestu B; geeret A,
gert B   1993 veriungsteliche B   1994 Die sprach jch vnnd vnnser
zunge t. B   2002 jnn B *fehlt* A   2007 eine H.; wile AH.; wol B *fehlt*
AH.

mîner rede ich niht vergaz.
ich sprach: ir herren, iuwer nôt
2010 ist mir leider dan der tôt.
möht ich sî wol erwenden,
sî müeste sich verenden.
mich müet sêre iuwer klage.
nû hœret mê waz ich iu sage;
2015 ich wil iuch rehte wizzen lân
wie mîn geverte ist getân.
dô ich von mînem lande schiet,
in mînem muote ich mich beriet
daz ich von rîcheit grôze kraft
2020 mit mir in die heidenschaft
wolte füeren durch gewin.
dô geriet mir mîn sin
daz ich ûz einer arke
nam fünfzic tûsent marke
2025 und fuor in heidischiu lant.
daz silber hân ich gar bewant
an alsô grœzlîchen kouf
daz ich vil nâch ûf mînen touf
getar wol sprechen daz nie man
2030 vor mir grœzern kouf gewan.
den brâht ich mit mir in ditz lant,
dô mir der market wart erkant.
nû hât mich werdeclîche
der burggrâve rîche
2035 enphangen und geêret.
er hât an mir gemêret

2010 dann B, den A   2011 si A *fehlt* B   2013 müget BH.
2014 hörend B, hort A   2024 fünfftzehen B   2025 Mit mir in die
haidenschaft A; haidesche B, heidenischiu H.   2026 silber B *fehlt* A;
behaft A, *vgl. z. B.* 2183   2027 grozen A   2029 kain B   2031 brâhte
H.; daz A   2032 market A, mort B

　　　　　mit zühten vil manige wîs
　　　　　sînen manlîchen prîs.
　　　　　　Dô ich her ze lande kam,
2040　　　in sîne huote er mich nam
　　　　　und bôt mir michel êre.
　　　　　dar nâch bat er mich sêre
　　　　　daz ich in lieze schowen gar
　　　　　mînen kouf. dô nam er war
2045　　　daz er was alsô grôzlich.
　　　　　dô begunde er bitten mich
　　　　　daz ich ze wehsel kæme
　　　　　mit im und daz ich næme
　　　　　sînen kouf; den gab er mir.
2050　　　der kouflich wehsel daz sît ir
　　　　　und mîne lieben vrouwen,
　　　　　die er mich lie schouwen
　　　　　gester, dô ich iuch gesach.
　　　　　nû bin ich iu ein teil ze swach
2055　　　und an wirde gar ze kranc
　　　　　daz ich iuch koufe durch getwanc.
　　　　　ob aber ich iuch getrôste
　　　　　daz ich iuch hinnen lôste,
　　　　　woltent ir mich danne krenken,
2060　　　mit vîentschaft beswenken,
　　　　　alsô daz ir woltent jehen
　　　　　mir wære niht von iu geschehen
　　　　　ze leide, ich sol iuch lâzen varn.
　　　　　sô möht ich gerne ê bewarn
2065　　　mîn guot, ê daz ich hinnen für
　　　　　iuwern haz mit schaden kür.

2050 Den koufflichen B　　2051 liebe A　　2053 ivch A, sy B
2054 iv A, nun B　　2056 iuch] iv A, nun B　　2057 iuch] iv A *fehlt* B;
getörste B　　2058 iv A, üch nun B　　2062 üch B　　2063 solte H.
2063.2064 varen: bewaren A　　2064 möhte H.; e A *fehlt* B

welt ir, ich wil in wâge lân
durch iuwern willen allez daz ich hân
und wil gewin und ouch schaden
2070 ûf mich gerne durch iuch laden,
mit dem gedinge daz ir
mînen schaden geltent mir.
mag ich des gewis sîn
daz ir ân den willen mîn
2075 nimmer wanc von mir getuot,
sô hân ich des vil guoten muot
daz ich iuch hinnen lœsen wil
und machen iuwer swære ein zil.›
Die herren dô ûf sprungen,
2080 die alten zuo den jungen,
und vielen für mich ûf ir knie.
swâ ieglîcher mich gevie,
dâ habt er mich vil sêre.
mit trûreclîcher lêre
2085 ir ieglîcher an mich schrê
anders niht dan: ‹wê owê,
genâde, lieber herre!
uns ist genâde verre.
næhe an uns genâde und trôst,
2090 daz wir werden noch erlôst
von disem grôzen sêre.
noch bitten wir dich mêre
durch den got, der in den tôt
sich menschlîchen durch uns bôt,

2067 in wage A *fehlt* B, enwâge H. 2068 Vmb üch a. BH.
2069 ⱴch A *fehlt* B 2071 dem B, minem A 2074 an dem AB
2075 Immer B 2077 laussen B 2078 ivrre AH.; sorgen A,
sorge H. 2081 vff die B 2083 hatt B, habte H. 2085 An m. jr
yegklicher s. B; an mih *auf Rasur* A 2086 den A; owe owe B
2089 Nehen A, næhn H.; genad A, gnâde H. 2091 disen B

2095   daz dû an uns erkennest
        daz dû dich kristen nennest
        mit des reinen toufes kraft.
        hilf uns von der heidenschaft
        wider in die kristenheit!
2100   gedenk an unser herzenleit
        und gelîhter unsern hôhen pîn.
        durch got und durch die güete dîn,
        durch aller ritter werdekeit
        lâ unser nôt dir wesen leit
2105   und lâ uns immer mêre sîn
        durch got in den banden dîn,
        swie joch dir gevalle.
        wir sweren dir des alle
        daz wir zwigülten dir dîn guot,
2110   sunder daz mîn vrowe tuot
        und ir vater, der von dir
        lœset sie nâch dîner gir;
        und ob mîn herre hât den lîp,
        der zwigültet dir sîn wîp.›
2115   Nû muote mich und was mir leit
        daz sie mit klagender arbeit
        sô lange vor mir lâgen
        und unvreude phlâgen.
        ich sprach: ‹ir lieben herren guot,
2120   stânt ûf. sammir got, ir tuot
        anders dan iu wol gezeme,
        oder ich an iu für fuoge neme.
        ir habt unfuoge ein teil gephlegen
        daz ir sô lange sint gelegen

  2096 *fehlt* B   2100 gedenke H.   2101 geliecht B; hohē A *fehlt* B
2102 D. gŭt B   2107 Wie hartt B   2109 tzwyfalt B   2119 ir A,
uil B   2120 stend AH.; gott B *fehlt* A   2121 den A, denne H.
2121.2122 gezem: nem A   2123 ein teil A *fehlt* B

2125	vor mir in klagender swære;
	vil gerne ich es enbære.›
	‹genâde, herre, daz tuot nôt.
	hilf uns, wir sîn an vreuden tôt.
	uns trœste dîn vil süezer trôst!
2130	wir sîn immer unerlôst.›
	‹nû gangen wir zuo der vrowen mîn.
	wil ez in ir willen sîn
	daz sî mit mir ze lande var
	und mit ir triuwe daz bewar
2135	daz ez sî ir wille, ir muot,
	und daz sî gelte mir mîn guot,
	sô sî müge und ich es ger,
	sô bin ich alsô komen her
	daz ich wil in wâge lân
2140	umb iuch allez daz ich hân.›
	sî sprâchen alle gelîche dô:
	‹genâde, herre, sî ist es vrô.›
	Dô gie diu ritterschaft mit mir.
	zuo den vrowen giengen wir
2145	dort hin zuo in besunder.
	dô nam sî michel wunder
	durch waz ditz wunder wær geschehen
	daz sî die ritter solten sehen.
	dô muost ich aber schouwen
2150	von rittern und von vrouwen
	nâch gruoz in jâmer weinen.
	ich sach sî wol erscheinen
	daz ir klegelîcher pîn

2127 Genad A, Gnädiger B   2128 sind B *fast immer*   2129 Vnnser troste den din B; Vns *aus* Vnd *korr.* A   2130 erlost B   2131 gonnd B, gân H.   2132 ess denn jr B   2137 mvg A   2139 an wege B, enwâge H.   2142 Gnaude sigest es von hertzen fro B   2147 Wa diss B; wære H.; geschen A, geschehn H.   2148 sehn H.   2149 muoste H. 2151 gruoze H.

von herzenleide müeste sîn.
2155 nû fuort ein alter herre mich
an sîner hant. den vrâget ich
in welher sprâche wær erzogen
mîn vrowe an sælden unbetrogen.
‹kan sî franzoys?› er sprach: ‹jâ.›
2160 dô gruozte ich mîne vrowen sâ
sô mir was gebære,
swie ez ein unzuht wære.
des was ir danc mir gar bereit
mit wîplîcher hübscheit.
2165 mit vollen ougen daz geschach.
zuo dem herren ich dô sprach:
‹herre, sprechent an mîn wort.›
er sprach: ‹nein. der sælden hort
zieret dîn gemüete.
2170 nâch wîselîcher blüete
ist komen dir der sælden fruht.
got was in güetlîcher zuht
dô er dir menschlîchez leben
geruochte in solhen tugenden geben.
2175 dû bist sô reiner wîsheit vol;
dîn munt selber sprechen sol.›
Mîner red ich dô began.
ich sprach: ‹vrowe, ich bin ein man
der sich koufes muoz begân;
2180 mit kouf ich mich begangen hân
swâ ich den ie vant veile.
ich hân an einem teile

2154 mùst B, muoste H. 2155 fuorte H.; a. her B, alt herre A, altherre H. 2157 wære H. 2159 Kan sy frantzyosseř spräch er sprach ia B 2162 ain B *fehlt* A 2163 gar A, so B 2164 hvbscheit A, hoffhait B, hövescheit H. 2167 sagund B 2168 d. selb h. A 2170 witzericher AH. 2176 selb A, selbe BH., *vgl. z. B.* 1127 2177 rede H. 2180 koufe H.

guotes vil an kouf bewant;
den hân ich brâht her in ditz lant.
2185 den hât des burggrâven gir
mit iu gemachet veile mir.
er wil mir iuch ze wehsel lân,
gib ich im allez daz ich hân,
und wil die ritter wider geben,
2190 die hânt ein angestlîchez leben.
nû ist mir nemelîche
der kouf ein teil ze rîche
in dem ir mîn gülte sît.
ein tuoch oder ein samît
2195 möht ich wol vergelten baz,
swâ ich funde veile daz,
dan alsô grôze hêrschaft.
ob ich nû hæte alsolhe kraft
an guote daz ich hinnen
2200 iuch möhte wol gewinnen,
liebiu vrowe, woltent ir
mîn guot danne gelten mir,
ich lôste iuch hinnen sâ zehant.
daz künicrîch ze Engellant
2205 lît mir wol sô nâhen,
wil ez iu niht versmâhen,
ich behalt iuch sicherlîchen
benamen sô güetlîchen
daz ez iuch ninder missezimt,
2210 biz man für wâr daz wol vernimt
und ûf ein ende rehte ersiht

2184 braucht B *fehlt* A   2190 haten A   2193 gvlte A, geschlächte B
2195 Mocht A, möhte H.   2198 alsolih A, sölliche B   2199.2200 hinnan: gewinnan A   2201 wölltend B   2202 Dass mine dann B
2204 künecrîche H.   2205 wol so A, also B   2207 behalte H.
2209 nimmer B   2210 dass B, vñ AH.

ob indert lebet oder niht
der junge künic von Engellant,
der iu ist ze man benant.›
2215 Diu vrowe ab ir gestüele gie,
sî wolte für mich ûf ir knie
gevallen sîn. daz was mir leit.
dô was ich sâ gên ir bereit
und bat sî durch ir tugent site
2220 daz sî ez lieze und ez vermite.
dô wurden ir diu ougen vol.
sô kintlîch und alsô wol
kunde sî mit zühten biten
daz ich wol sach an iren siten
2225 daz sî vil ernstlich gedanc
ûf die bete sêre twanc;
des ich mich vil wol an ir versach.
ir jugent ûz alten witzen sprach:
‹genâde, süezer reiner lîp,
2230 lâ mich geniezen daz ein wîp
dich an dise welt gebar;
des nim genædeclîchen war
an mir durch elliu werden wîp.
genâde, sælde bernder lîp,
2235 lâ dir mîn angest sîn geklagt
durch die hœhsten magt
diu aller megde spiegel ist,
diu den vil heiligen Krist,
aller keiser keiser, truoc,
2240 als ir der engel zuo gewuoc,

2214 manne AH.; benant *aus* genant *korr.* A, bekannt B   2216 vff
die B   2220 *zweites* ez A *fehlt* B   2221–2224 *fehlen* B   2222 kintlîche
H   2224 ir H.   2225 ernstliche B   2227 vil A *fehlt* BH.; ir A, sy B
2230–2234 *zweimal* B   2234 sällde brüder l. B   2236 hohsten A,
hœhesten H.   2239 keisere kaiser A

diu maget muoter âne mein
nâch der geburt magt erschein,
als sî vor der geburte was.
der sunnen schîn durch ganzez glas
2245 schein von ir magtuome;
der magetlîche bluome
beleip an ir mit zühten ganz.
swie sî der hœhsten sunnen glanz
ze einer muoter magt erkôs,
2250 der megde namen nie verlôs
diu himelische künigîn hêr.
durch die spreit ich mîns herzen sêr,
süezer reiner lîp, für dich,
daz dû gedenkest des daz ich
2255 ir gename bin genant,
wan ich ein maget bin erkant
und dise vrowen die hie sint.
nû lâz uns werden dîniu kint!
süezer vater, lieber trôst,
2260 mache uns von leide erlôst.
  Genâde, herre, sît dû treist
kristenlîchen volleist,
sô êre an uns Kristi namen
gotlîchen unde lobesamen
2265 und des reinen toufes kraft.
lœse uns von der heidenschaft,
sît dich got hât her gesant.
ich var mit dir in dîn lant,
swaz dû wilt daz wil ouch ich.

2242 geburte H.   2245 vor B; magtv̄me A, magettuome H.
2248 hohsten A, höhste B   2252 min hertze s. B   2254 dez A *fehlt* B
2259 lieber A, rainer B   2260 von sorgen nach e. B   2263 Cristus B,
kristesi *aus* kristen *korr.?* A, kristen H.   2264 vnd A *fehlt* B
2267 her̄ haut g. B

2270 mîn vater gerne lœset mich,
des ich im getriuwen sol.
sô weiz ich von wârheit wol,
lebt der künic von Engellant,
wirde ich im lebendic erkant,
2275 daz er mich niht lange lât,
ob er gesunt sîn leben hât.
sint sî aber alle tôt
die mir helfen sulnt von nôt,
sô lebt doch got, der lônet dir
2280 swaz dû begâst genâde an mir.
hilf mir in die kristenheit
durch got, und lâ dir wesen leit
daz ich ân alle schulde
sô grôzen kumber dulde
2285 und ouch die edlen vrouwen.
owê, sol ich niht schouwen
vater, vriund noch kristen lant!
wie danne got sîniu bant
mit zorne hât an mich geleit
2290 in ungelückes arbeit!›
  Der vrowen weinen daz was grôz.
ir liehter ougenschîn begôz
den gotes reinen meienvlîz,
der rôsenrôt, der lilienwîz
2295 blüegende ûf ir wengel lac.
der spilenden wünne sældentac
begôz ir tou des herzen hie,
daz von ir senden herzen gie.
ir klagendez herze vreuden vlôch.

2271 getrowen A, getrouwen H.   2274 Wird BH.; lebend A,
lebende H.   2278 sonnder B, suln H.   2280 begêst H.   2285 disen B
2286 *fehlt* B   2288 den B   2289 het A, haut B   2291 *Kein Absatz*
A; daz A *fehlt* B   2294 rose rot AH.   2298 sendem H.

2300	ein wolken trüebe ir jâmer zôch
	für ir liehten sunnenglanz,
	des schœne an ir was ê sô ganz
	daz er bî der sumerzît
	mit ebenschœne hielt den strît.
2305	ein regen ûz dem wolken vlôz,
	der ûf des wunsches ouwe gôz
	sô heizen regen daz verswein
	der schœne ein teil diu ê dâ schein.
	ir weinen was sô güetlich
2310	daz munt und ougen beide mich
	baden hiezen sunder danc;
	ir kintlich weinen mich betwanc
	daz ich mit ir dô weinde.
	mîn wille sich vereinde
2315	daz ich vil gerne tæte
	swes mich diu guote bæte.
	ir weinen in mîn herze dranc;
	ir wîplich bete mich betwanc
	daz ich ir rôtem munde
2320	niht mê verzîhen kunde;
	wan ich an der guoten sach
	daz ir klagendez ungemach
	von ernstlîchem muote gie.
	dô sî die bete an mich gevie,
2325	ir was ernst, daz tet nôt.
	ir süeziu bete mir gebôt
	daz ich ir kumberlîche nôt
	mit klage mînem herzen bôt.
	Nû sach ich wol daz arbeit,
2330	angest, nôt, jâmer, leit

2300 trṽb A, drobe B 2305 den B 2310 beidiu H. 2311 Batten B, Paten A 2316 Wz m. der B 2325 ernest H. 2326.2327 *fehlen* A 2328 chlage si m. A 2330 iamer vnnd l. B

81

        dicke lêret wîsiu wort,
        dâ hôhiu wîsheit kleinen hort
        an rehten witzen vindet.
        kintlich rede verswindet
2335   swâ jâmer unde herzenleit
        phlegent einer stætekeit.
        daz wart mir an der vrowen mîn
        alsô kuntlîchen schîn
        daz ich es gihe, als ich dô jach:
2340   mîn vrowe ûz alten witzen sprach
        in blüegender kintheit.
        ir jungen kintheit was verseit
        sô sinnerîchiu wîsheit,
        wan daz sî angestlîchez leit,
2345   daz sî hât in nôt bekort,
        wîste ûf disiu wîsen wort,
        daz sî mit sô wîsen siten
        mich sô tiure kunde biten.
        ich sprach: ‹vil liebiu vrowe guot,
2350   habent vreudenrîchen muot,
        lânt iuwer klagende swære sîn.
        sît ich iuwern hôhen pîn
        mit mînem guote erwenden mac,
        sô wirt ez nimmer mê tac
2355   vor iu gehalten noch gespart.
        wol mich daz mir daz guot ie wart,
        dâ mit ich iuwer arbeit
        vertrîben mac und iuwer leit.
        nû wil ich mit mîner habe
2360   iuwer nôt iu koufen abe,

2339 iehe B; do A, es B   2341 blv̈nder A   2344 si A *fehlt* B
2345 het A, hâte H.   2347 so mit B   2350 frödenlichenn B   2351 ivr
AH.   2352 hohe B   2354 mer A, mêre H., *vgl. z. B.* 324   2355 iu]
ivr A, üch B   2357 mite H.   2359.2360 hab: ab A

und bitte got daz er mich wer
swes ich dran ze lône ger,
daz mir der lôn beklîbe.
daz ich es niht belîbe
2365 âne lôn, daz welle got.
nû ger ich an iuch sunder spot,
swenn ich von mînem guote
geltes an iuch muote,
daz ir danne geltent mir
2370 swes ich hie durch iuch enbir.›
dô wart gehœhet ir der muot.
  Die ritter und die vrowen guot
weinden mich von vreuden an
sô sêre daz ez mich began
2375 in mînem muote erbarmen.
die vil edlen armen
mîn trôst alsô getrôste
daz ich ir herzen lôste
von sender klegelîcher nôt,
2380 daz ich in mînen trôst gebôt.
ich kêrte von in sâ zehant
dâ ich den burggrâven vant.
dô gruozte mich güetlîche
mit zuht der zühterîche,
2385 er sprach: ‹wie dô? nû sage mir
ob dirre kouf gevalle dir
wol.› ich sprach: ‹jâ, herre, wol.
den kouf ich gerne lœsen sol
als ich iu sag.› ‹nû sage, wie?›

───────────

2361 bitten B; mier werd B   2363 belibe B   2364 ez A *fehlt* B
2371 *Absatz* B   2372 *Kein Absatz* B   2373 Sauchend B   2377 ge-
trôste B, getrost ir not A   2378. 2379 *fehlen* A   2378 ich] sich BH.;
herze H.; lôste B   2379 sonnder B, sunder H., sender HZ., *vgl. z. B.*
4595; klaglicher B   2380 deiz H.; sich AH.   2384 züchtenriche BA,
vgl. z. B. 2536, 3497   2386 der B   2389 *erstes* sag A *fehlt* B, sage H.

2390 ‹ist iht mêre ir guotes hie?›
‹jâ, ez ist alsô bewart
daz sîn nie phenninc wart verschart.›
‹sô wil ich nû den guoten
mit iuwern hulden muoten
2395 daz man in wider gebe ir guot
und aber ûf des wâges fluot
ir schif bereite als ez was ê,
und daz ir habe hie niht bestê,
weder grôz noch kleine,
2400 daz man ez al gemeine
in ir gewalt bereite gar,
und daz ir mir die lîpnar
an spîse gebent wider hein.
welt ir werden des enein
2405 daz ir daz tuont, ich hân gedâht,
swaz ich guotes her hân brâht,
daz ich daz wil mit willen lân,
mac ditz gedinge alsus ergân.›
Dô êrte sîne zuht an mir
2410 des werden burggrâven gir.
er sprach durch sîne hübscheit:
‹daz sol allez sîn bereit.
dû hâst vil wol besprochen dich.
ich tuon swes dû gerst an mich;
2415 sô sî der kouf gestætet hie.›
von sînen handen ich enphie
die ellenden geste dâ
und er mîn guot. daz gab ich sâ
dem burggrâven in sîn hant.
2420 ein stætiu sicherheit uns bant

2392 sin A, es B 2398 hie A *fehlt* B 2400 alss B
2404 Wollt B; in ein A 2409 So A 2410 begier B 2411 hoffhait B, hövescheit H. 2413 gesprochen B 2415 ist B; gestattet B 2419 burcgrâvn H.; sine AH. 2420 Ain stättlicher ayd B

úf den kouf mit stæte dô.
der wart aldâ gestætet sô
daz er muoste stæte sîn.
sus nam er al die habe mîn
2425 und ich die gevangen gar.
dô besand er zuo im dar
vil der liute von der stat.
die giengen mit mir, als er bat,
vrœlîch ûf den palas
2430 dâ diu hêrschaft ûffe was.
die antwurt er in mîne hant.
swaz in guotes was benant,
daz hiez er in wider lân.
ein suone wart aldâ getân,
2435 diu mich sêre und manigen man
durch nôt erbarmen began.
dâ was von vreuden jâmers vil.
diu vreude stiez der swær ein zil,
die klagendes herzen urhap
2440 dâ vor mit jâmers nôt begap.
Dô wart in wider sâ zehant
swaz sî guotes in daz lant
brâhten ûf dem mer mit in.
dirre kouflîche gewin
2445 dem burggrâven vil wol geviel.
ir schif unde mînen kiel
hiez er laden und entladen.
er benam in gar ir schaden
an guote, niht an pîne.
2450 dô hiez er gar daz mîne
hin tragen al gemeine.

2426 besande H. 2429 vrœlîche H. 2432 bewant A 2437 iamer B 2438 stiess so ain zil B 2440 n. im gab B 2444 Durch kouffennlichenn g. B 2445 burcgrâvn H. 2448 jnn B, ir A 2450 die minne B

sant und dar zuo steine
hiez er mir ze laste geben,
daz mîn kiel wol möhte sweben
2455 âne wanken ûf dem mer.
dô hiez mich spîsen und daz her
Stranmûr, der degen wîse,
mit frischer niuwer spîse,
die man an diu schif dâ truoc.
2460 dar zuo hiez er uns genuoc
koste geben ûf die vart,
ob wir nâch der wilden art
der ünde wurden gesant
in ein unkundez lant,
2465 daz uns ir spîse wurde ein wiht,
daz wir doch verdurben niht
und daz wir hæten spîse
genuoc in rîcher wîse.
    Ditz schuof der werde rîche.
2470 mich dûhte wærlîche
daz ich wære ein sælic man.
dô fuorte ich mîne vrowen dan,
ir vrowen und die ritterschaft.
dâ was rîcher vreuden kraft
2475 mit vreude in hôhem muote,
daz der vil armen huote
mit güete was gescheiden.
dô weinden joch die heiden
von liebe durch die vrowen hêr,
2480 von leide durch ir langez sêr;
wan swer ir ougen weinen sach

2455 wanck B 2457 Craimur B 2459 da A *fehlt* B 2462 wir B, mir A 2463 Darunder B 2468 rechter B 2469 Diss B *fast immer*, Ditze AH. 2471 Es w. ain redlicher m. B 2474 dô H. 2475 fröden B 2478 da A; och B

	der muoste klagen ir ungemach;
	ouch kunde ir güetlich lachen
	wol an den liuten machen
2485	daz sî mit vreuden wâren.
	swer sî sach gebâren
	vrœlîch und in vreuden leben,
	der muost ir phliht an vreuden geben.
	ob joch im vreuden niht gezam,
2490	von ir schœne er vreude nam.
	swenn aber sî wesen wolte
	mit vreuden als sî solte,
	sô tet ir rôsenvarwer munt
	den ungemuoten vreude kunt,
2495	die sî mit vreuden sâhen,
	als ir die besten jâhen.
	Die naht beliben wir aldâ.
	dô hiez man den gesten sâ
	bereiten ein bat. sî wuoschen sich.
2500	ohteiz, wie rehte minneclich
	die geste wâren nâch dem bade!
	als ich daz sach, mir swein der schade
	den ich hâte an sî geleit.
	dô sî gewunnen niuwiu kleit,
2505	dô truoc des wunsches krône
	in liehter varwe schône
	mîn vrowe, ein bluome reiner tugent.
	ouch truoc daz alter und diu jugent
	nâch ir rehte liehten schîn.
2510	swaz der jugent solte sîn
	ze rehte in liehter schœne gar,

2483 ir A, sy B   2487 vrœlîche H.   2488 muoste H.   2489 Ob halt B; jnn B, in H.   2490 e. wyder n. B   2498 man A, ich B   2499 ein A *fehlt* BH.; baden B   2500 Och des B; rechte A *fehlt* B   2501 warn B, wrden AH.   2502 schwinder schade B   2504 nüwe B, niwe A, niwiu H.   2509 N. jr liechte rechten s. B

dar nâch was ir lîp gevar,
die dâ in junger ritterschaft
truogen jugent unde kraft.
2515 daz schein an ir lîbe sâ.
schœne, klâr, wîz unde grâ
wâren gar die alten
mit zühten manicvalten.
der vrowen schœne was sô vil,
2520 wan daz mîn vrowe truoc daz zil
in loberîcher werdekeit,
sô wær den vrowen unverseit
mit hôchgemüete schône
an lob des wunsches krône.
2525 An dem andern morgen fruo
dô bereit ich mich dar zuo
als ich von dannen wolte varn.
dô bat ich vil wol bewarn
die vrowen und die degne
2530 mit dem gotes segne,
wan sî daz reine gotes wort
hæten nie vernomen dort
die wîle daz sî lâgen dâ.
nâch messe kêrten wir sâ
2535 enbîzen vil vrœlîche.
dô kam der zühterîche,
Stranmûr, der burggrâve hie,
der manic zuht an mir begie,
für den tisch an dem zil
2540 mit rittern und mit knappen vil.
er lie sîne zuht dâ schouwen.

2515 schainen jr B   2520 Wenn B   2521 loblicher B   2522 were
AH.   2524 lobe H.   2526 bereite H.   2528 bewaren AB   2529.
2530 tegenne : segenne B   2532 hâten H.   2537 Craimunt B   2541
lyess B; sîn z. dô H.

den rittern und den vrouwen
bôt der getriuwe reine
den becher al gemeine
2545 und gab in güetlîchen gruoz,
des ich im heiles wünschen muoz
daz in der zuht gegen mir gezam.
dô der imbîz ende nam,
wir nâmen urlob ûf die vart.
2550 ich wil dich, lieber Gêrhart,
in dînes gotes phleg ergeben,
daz er behüete dir dîn leben.
sî aber iemen bezzer dan er sî,
des helfe sî dir stæte bî.
2555   Mîn lieber got Jûpiter
dich sæliclîcher vart gewer;
Pallas unde Jûnô
machen dich mit sælden vrô;
Machmet und Mercûrius,
2560 Thêtis unde Neptûnus,
die der wazzer hânt gewalt,
in der helfe sî gezalt
dîn hinvart mit disem her;
mit ringer franspüet ûf dem mer
2565 helfe dir durch sîn gebot
Êolus, des windes got,
mit vil süezem nâchwinde.
daz dir und dem gesinde
sô wol gelingen müeze
2570 daz dîn vart werde süeze›

2543 graue r. B   2547 gên H.   2551 phlege H.   2553 Si aber A,
Ob B, sî ab H.; den AB, denne H.   2556 söllicher B   2557 Alles von
ino B   2559 Mach mier vnnd mait vzvoss B   2560 Etechys vnnd
nepever woss B   2561 Die dritte wz er B   2563–2571 *durch einen
Riss verstümmelt* A   2564 r. frainspüt A, rainer uzanspüte B, r. framspuot H.   2566 Lauss B   2567 Mit A *fehlt* B

sprach des burggrâven munt.
dô neig ich im sâ zestunt.
er gab mir sînen segen dô.
dar nâch sprach er aber alsô:
2575 «dir sî für wâr von mir geseit
daz ich al die kristenheit
durch dich immer êren wil,
wan dir got sælden hât sô vil
in dirre welte hie gegeben
2580 daz dîn lîp und ouch dîn leben
immer gêret müeze sîn:
des wünschet dir daz herze mîn.»
sus weinde er von jâmer mich
daz wir weinden, er und ich,
2585 daz wir uns solten scheiden.
uns wart von jâmer beiden
vil senelîchiu triuwe kunt.
dô schieden wir uns sâ zestunt.

Er vreute sich des koufes dô,
2590 ouch was ich des wehsels vrô;
er versach gewinnes sich,
ouch dinget ich des daz mich
mîn gewin dran iht vergê,
der lôn ûf gotes gnâde stê
2595 nâch den grôzen hulden sîn
und nâch den nôtdurften mîn.
wir dûhten beide uns unbetrogen.
dâ wurden balde ûf gezogen
die segel in der hab aldâ.
2600 sus kêrten wir von dannen sâ

2572 naigt B 2573 sin kleinode A, sîn kleinœde H. 2576 alle A
2578 so B, also A 2579 der B 2581 geeret A 2584 w. vnnd ouch
ich B 2587 schnellekliche B; riuwe H. 2588 Da B 2592 ding A,
dinge H.; mich B, ich A 2598 dô H. 2599 Die AB, diu H.; habe H.
2600–2605 *durch denselben Riss verstümmelt* A

mit grôzer vreude ûf unser wege.
wir gâben uns in gotes phlege
für des tiuvels kraft ze wer.
dô huob sich bald ûf dem mer
2605 starker nâchwinde vil.
für wâr ich iu bescheiden wil
daz wir nâch dem wunsche mîn
niht sæliclîcher möhten sîn
noch mit heile baz gevarn.
2610 uns gab der reinen megde barn
guot geverte, liebe vart,
der uns mit sælden tet bewart;
wan der gelie in nœten nie
swer sînen trôst an in verlie.
2615 sus gab uns sîn süeziu phlege
mit franspüete ringe wege.
 Dô treip uns der winde maht
mit kreften zwelf tag unde naht
hin wider ûf die rehten vart,
2620 dâ sî uns ê genomen wart.
diu beleip uns stæte dô.
dar nâch fuogt ez sich alsô
daz wir muosten gâhen
dâ wir kuntlîche sâhen
2625 gebirge hôhe unde lant,
der künde mir was wol erkant.
als ich diu gebirge ersach,
zuo dem schifman ich sprach:
‹sag mir, ist dir iht erkant
2630 ditz gebirge und ditz lant?›

2603 tüffelss B, tiefelz AH. 2604 balde H. 2607 wir B, mir A
2608 s. möchte A, möchtend s. B 2609.2610 gevaren : baren A 2612
hett B 2616 franspotte B 2622 fuogte H. 2625 G. hohe B, Gehabe,
am Rande pirge A, g. hôch H. 2629 sage H.

⟨jâ, wol; ich erkenne mich.⟩
⟨wâ scheident aber die wege sich
gên Ûztrieht und gên Engellant?
daz merke. kêren dar zehant.⟩
2635 ⟨hie nâhen bî an dirre sît,
dâ ditz hôchgebirge lît,
dâ ist den strâzen beiden
gezilt und underscheiden
diu slihte an beiden strâzen gar.⟩
2640 dô kêrten wir vil balde dar
gegen den selben enden.
dô hiez ich balde lenden
in eine habe, diu sich zôch
nâhen an diu gebirge hôch,
2645 diu disen beiden strâzen
ir underscheide mâzen.
 Dô unser anker mit kraft
wurden in den sant behaft,
dô hiez ich unser spîse
2650 gelîche in einer wîse
in beidiu schif teilen hie.
gelîchen teil ich beiden lie,
in einen teil, den andern mir.
ich sprach: ⟨ir herren, ich und ir
2655 suln uns scheiden hie zehant.
sagent, wer ist von Engellant
ûf dise vart mit iu gevarn?
mit den wil ich daz schif bewarn
daz iu wart ûf der vart genomen.
2660 wer ist mit mîner vrowen komen
von ir vater lande her?

2633 Von Norwegen vnnd von e. B 2634 Des mers keren ist hie
ze lannd B 2635 nach AB, nâhe H., *vgl. z. B.* 515, 1406 2638 Getzellt
v. vsserschaiden B 2640–2909 *fehlen* A 2644 Nauch B, nâhe H.
2645 diu] Zû BH. 2655 Söllennd B; ze land B 2657 ze farennd B

daz sagent mir, daz ist mîn ger.›
daz sagte ir einer mir alsô:
‹mîn vrowe und der vrowen zwô
2665 von Norwæge sint genant.
die zwelfe sint von Engellant
und die andern al gelîche.
von ir vater rîche
fuor mit uns ein michel her.
2670 die sint verdorben ûf dem mer,
dâ mînes herren schif versanc;
wærlîche er selbe ertranc.›
dô schiet ich von dem herren gar
die vrowen und die ander schar
2675 diu mit im dâ von lande kam.
mîne vrowen ich dô nam
und ir juncvrowen zwô
in mîn schif besunder dô.
 Als ich die herren guote
2680 besand nâch mînem muote
besunder in ir schif hin dan
und ich die vrowen gewan
mit ir juncvrowen zwein,
dô wart ich des mit mir enein
2685 daz ich in urlob wolte geben,
wider sâ ze lande streben.
ich sprach: ‹vil lieben herren mîn,
wir scheiden uns, daz muoz sîn.
kêrent heim in iuwer lant
2690 und sint des von mir gemant,
hab ich iu gedienet iht,

2663 saget B   2666 tzwölff B, zwelve H., *vgl. z. B.* 3905   2667 Vnnd annder B, und d'andern H.   2671 dô H.   2672 Wärlich jm selben e. B   2673 von B, zuo H.   2679.2680 güte : müte B   2680 besand] Beschain B, geschiet H., *vgl. z. B.* 2426   2682 genam B   2684 Do w. ess mier en ain B, *vgl. z. B.* 3940   2691 habe H.

daz ir des vergezzent niht,
ir nement es mit triuwe war.
ich wil daz mîn vrowe var
2695 mit mir heim ze lande dan.
ob inder lebende ist ir man,
dem wil ich sî behalten,
mit solhem prîs ir walten
daz ez sî nimmer krenket.
2700 ob er ir gedenket,
ir vater, künic Reinmunt,
dem behalte ich sî gesunt
mit êren âne missetât,
ob sî got mit vreuden lât
2705 gesunt und âne swære.›
die helde unwandelbære
klagten unser scheiden dô.
sî sprâchen al gelîche alsô:
‹nein, vil süezer herre mîn,
2710 lâz uns immer bî dir sîn
biz wir dîn guot vergelten dir.
dîn beste phant daz sîn wir.
hab uns in dîner huote,
biz wir nâch dînem muote
2715 dir vergelten gar dîn guot,
dâ mit dîn vil reiner muot
uns von banden lôste
und in unvreuden trôste.›
Dô gedâht ich mir zehant:
2720 ‹ich wil burgschaft unde phant
an sîn selbes güete lân

2696 ienen B, iender H. 2698 bryss B, prîse H. 2701 Temunt B
2707 Klagetten BH. 2709 nein] Min BH. 2712 sind B 2713 habe
H. 2716 mite H. 2719 gedâhte H. 2720 bürgeschaft H.; phant]
lannd B 2721 sins selbs gůt B

    durch den ich ez hân getân.›
    ich sprach: ‹hin vart in gotes phlegen.
    iu ist ein teil ze sêre entlegen
2725 iuwer lant und iuwer guot.
    ich weiz iuch wol alsô gemuot
    daz iuwer wort mir ist ein phant.
    ir habent sô lang erliten bant
    daz iuch mîn bant niht twingen sol.
2730 ez zæme anders danne wol
    swer ouch in bant iuch leite.
    nâch sô grôzer arbeite
    vart ruowen. lânt iu baz geschehen,
    daz iuwer vriund doch mügen sehen
2735 daz ir doch sint gesunt als ê.
    ir langez beiten tuot in wê.
    dâ bî sô sint mîn gemant,
    werden iu mîn boten gesant
    nâch mîner gülte, ob ez geschiht,
2740 sô geltent mir und anders niht.
    ich hân in mînem muote
    phant und bürgen guote,
    die niht untriuwen gernt
    und tûsentvalt mich wider wernt
2745 swaz ich hân umb iuch gegeben.
    habe iuwer herre noch sîn leben
    und vrâge nâch der vrowen sîn,
    sô sagent im von der künigîn
    daz ich sî sô behalten habe
2750 daz ir nimmer sliffe abe
    swaz ê mit wîbes werdekeit

 2723 pflege B 2728 lange H. 2730 denn B, denne H. 2734 fründe B 2735 gesunde BH., *vgl. z. B.* 5614, 5625 2738 werdn iu mîne H. 2741 mimme B, mîme H. 2743.2744 gerent : werend B 2750 niemen B, niene H.; schliffer B

zühte was an sî geleit.›
Die herren vielen für mich dô,
sî weinden unde wâren vrô.
2755 von vreuden was ir weinen grôz
daz ich in mînem muot entslôz
daz ich sî wolte lâzen.
ir leides sî vergâzen,
sî wurden vreudenrîche.
2760 sî sprâchen gemeinlîche:
«der got des kunst uns werden liez,
des gewalt von himel stiez
hôchverteclich gemüete,
der lône dir mit güete
2765 des dû ze lieb uns hâst getân.
wan solten wir von erbe hân
zehen künicrîche,
wir möhten nemelîche
dir dînes herzen muot
2770 niht vergelten noch dîn guot.
wir ergebenz dir in dîn gebot,
und lône dir der rîche got.
der ist rîcher danne wir;
der lône dîner güete dir
2775 mit immer werndem löne;
ze himelrîche krône
gebe er dir mit stætekeit.
unser gülte ist dir bereit,
süezer vater, sô dû wilt.
2780 der gülte uns nimmer mê bevilt,
wan dû uns wider hâst gegeben
êre, guot, lîp unde leben.

2756 mînen H. 2760 gmeinlîche H. 2761 werden] rař dē B 2762
himele H. 2763 Hoffertliche B, hôchvertlîch H., *vgl. z. B.* 4321 2765
liebe H. 2768 nameliche BH., *vgl. z. B.* 2191 2780 mê *fehlt* BH.,
vgl. z. B. 324, 2354 2781 geben B

Nû phlege dîn got der guote
mit sîner süezen huote;
2785 des heiligen kriuzes kraft
prüeve dich mit vreuden sigehaft
an menschlîcher sælikeit,
und daz dîn leben sunder leit
sich alsô verende
2790 daz dich got sende
mit sælden vrœlîche
zuo dem hôhen himelrîche.›
sus kusten sî mich und ich sie.
wir schieden uns mit jâmer hie,
2795 und doch mit vreuden âne haz.
dô twelten sî niht fürbaz
ze kêren von mir zehant
ir rehten vart gegen Engellant,
und ich dar heim ze lande,
2800 dâ ich mich wol erkande.
dô wîste mich diu strâze mîn
ze berge von dem mer zem Rîn,
ze Kölne hin gegen der stat.
mînen vriunden ich dô bat
2805 künden vil vrœlîche
daz ich ê nie sô rîche
kæme wider noch sô vrô,
und daz ich rîcher wære dô
dan in allen mînen tagen.
2810 ich hiez mînem wîbe sagen
mîn koufschatz wær alsô grôz
daz nie dekein mîn genôz,

2783 gott din B   2785 Crutzes B   2786 sigenhafft B   2787 menschliche B   2790 gesende H.   2796 tzielten BH., twelten HZ.; sy mich f. B   2798 gên H.   2801 wüste B   2802 zů dem rin B   2807 nauch B   2809 Denn B, danne H.   2810 minen willen B   2811 kouffmanschafft BH.   2812 kain BH., *vgl. z. B.* 3262, 5596

der koufes ie gedæhte,
sô grôzen koufschatz bræhte.
2815   Des vreuten mîne vriunde sich.
ir vreude was sô grôzlich,
dô sî vernâmen daz ich kam.
mîn wîp ir vriunde zuo ir nam
und ouch mîn sun. sî kâmen dô
2820 und wâren mîner kunfte vrô
und mînes grôzen heiles geil.
der burger ein vil michel teil
riten gegen mir an den Rîn.
ich und diu liebe vrowe mîn
2825 wurden wol enphangen dâ.
dô giengen mîne vriunde sâ
durch schowen dar ûf mînen kiel.
der koufschatz in niht wol geviel:
sî funden niht wan steine.
2830 er dûhte sî ze kleine
und an guote ein ringiu habe.
mînen koufschatz fuort ich abe
ze einer stunt an mîner hant.
dô niemen anders dâ niht vant
2835 wan mîner lieben vrowen lîp,
‹lieber Gêrhart› sprach mîn wîp
‹sag an durch got, wâ ist dîn guot?
dîn bote vreute mir den muot;
der sagte mir von guote vil;
2840 des hân ich funden hie ein zil.›
‹jâ sich, ich lie die vrowen mîn
wol für mîne habe sîn
mîn gülte.› ‹daz ist niht dîn spot?›

2815 frund B   2816 wär B; grœzlich H.   2820 künfte H., *vgl. z.*
B. 666   2822 Die B   2829 wan] dann B   2831 Vnnd gůte ringe
habe B   2832 fuorte H.   2834 dô] Da BH.; niht] mich BH.   2841
sihe H.; lie] hie BH.   2843 deist niwan H.

⟨ez ist wâr, sô helf mir got.
2845 ouch weiz ich niht wie ez dir behage.⟩
⟨Gêrhart, lieber vriunt, nû sage
durch got die rehten wârheit mir,
wie ist sî danne worden dir?⟩
⟨daz sag ich dir vil wol:
2850 sich, niemen unbilden sol
der mîne vriuntschaft welle hân.⟩
⟨sô sol ouch sî ir zürnen lân⟩
sprach Gêrhart, mîn vil liebez kint,
⟨und ouch alle die bî uns sint.
2855 ez ist mit vriuntschaft ebensleht,
wan ez ist billich unde reht
daz sî mit vriuntschaft eben trage
swaz dînem herzen wol behage.
daz sol ouch mit irem willen sîn.
2860 got weiz wol, lieber vater mîn,
swaz dû hâst durch in getân,
des solt dû mîne gunst hân.
gebreste uns niht muotes,
wir haben immer guotes
2865 genuoc, und sol ez uns bestân
daz wir von gotes gnâden hân.
nû sî gelobt der süeze Krist
daz dû gesunt mir komen bist⟩
sprach ouch mîn vil liebez kint
2870 ⟨mîn vrowe und ouch die mit ir sint

2845 wie es B, wiez H.   2847 rehten *fehlt* BH., *vgl. z. B.* 619, 1112,
1123, 4096   2848 worden dannen dier B   2849 sage H.   2850 ie-
man vnbillich B, niemen unbillîche H., *vgl. z. B. Titurel*, 97,4; *s. Ein-
leitung, S. XI*   2851 der] Das BH.; wölle B   2856 ist *fehlt* B   2857 e.
habe B   2858 herren B   2859 mit irem w. och sin B; ir H.   2860 G.
woll waist B   2861 haust hā an g. B, h. an in g. H., *vgl. z. B.* 261, 457
2863 Gebräst B   2870 i. hie sind B

>   die sulnt willekomen sîn
>   gote und dem herzen mîn.›
>   des gnâdet im diu guote
>   mit vreudenrîchem muote,
> 2875   wan ir tet ungemüetes buoz
>   wîbes unde sunes gruoz.
>   Ob des koufes stætekeit
>   was iemen liep oder leit,
>   daz liez ich sîn; ich was sîn vrô.
> 2880   mîne vrowen fuort ich dô
>   mit ir juncvrowen zwein
>   vrœlîch in mîn hûs hein
>   und schuof ir gemache guot,
>   schœne unde wol behuot
> 2885   in einer kemenâten,
>   die hiez ich vil wol berâten
>   mit guotem geræte.
>   sô ritterlich gewæte,
>   daz sî mit guoten êren truoc,
> 2890   gab ich ir mêre dan genuoc
>   nâch ir selber muote.
>   ir willen ich ir huote,
>   wan mîner vrowen süeziu jugent
>   sô gar mit kintlîcher tugent
> 2895   in süezer kintheit truoc daz zil.
>   dô dûhte mich des niht ze vil
>   ich næme von den vriunden mîn
>   schœne juncvröwelîn,
>   kintlich nâch wunsche und wol getân,

2871 söllend B, sulen H., *vgl. z. B.* 2278   2873 die güte B   2874 frödrichem B, freude rîchem H.   2877 Wenn des B   2879 sy fro B   2880 fuorte H.   2882 frœlîche H.   2883 gemach H.   2886 die *fehlt* B; uil B *fehlt* H.   2888 gewätte B   2889 siz H.   2890 denn B, denne H.; gnuoc H.   2892 *zweites* ir B *fehlt* H.   2893 süssen B   2895 Ir süsse k. t. ir spil BH., *vgl. z. B.* 2520   2899 nâch *fehlt* B

2900 mit den sî kurzwîl solte hân
(wan sî mit süezer kintheit
wâren kintlîche gemeit)
den ich edliu kindes kleit
durch mîner vrowen liebe sneit
2905 durch zieren wol ir kintheit.
sî wâren stolzeclîch gemeit.
　Dô vreute sich mit lieber kraft
der kintlîchen geselleschaft
mîn vrowe in süezen sinnen.
2910 sî hiez mich ir gewinnen
golt und liehter sîden vil.
ich dâhte: «swaz diu guote wil,
daz sol nâch ir willen sîn.»
dô gab ich der vrowen mîn
2915 swes sî bedurfen wolde
von sîden und von golde.
dô kunde sî wol machen
von keiserlîchen sachen
swaz man von sîden würken sol.
2920 sî kunde liehte borten wol,
edle wæhe rîche
würken meisterlîche.
daz lêrte sî diu vröwelîn.
ir werc daz gab sô liehten schîn
2925 daz nie bezzer wart getragen,
von berlen rîch und underslagen
von edlem gesteine.
ir werc was alsô reine
daz ez mir vil tiure galt.
2930 baldekîn und plîalt,

　2903 edle B, edeliu H.　2904 sait B　2905 zierte B　2906 stoltze-
lich B, stolzlîche H.　2907 Dô] Des BH.　2918 Mit maisterlichenn B
2921 Edele AH.　2925 bezzers A　2926 vnnd geschlagen B　2927
edelem H.　2930 paldikein vnd phalt A, Veldekin vnnd plaicht B

die besten die man ie getruoc,
des gab diu guote mir genuoc.
　　Dar an ich dicke vil gewan.
dô diu vrowe alsus began
2935　ruowen nâch der arbeit,
zâhî, wie wîplich klârheit
an ir süezen lîbe lac!
ir lîp sô hôher sælden phlac
daz mîn sælden wunsch an ir
2940　in rîcher sælde fuogte mir
sô grôze sælde daz mir nie
an mînen sachen missegie.
swes ich begund, daz geschach.
der wunsch ie mînen werken jach
2945　des wunsches als ich wolte,
und als ich wünschen solte.
swenne mir ein leit geschach,
dâ von ich truog ungemach,
ich gienc für sî und sach sî an.
2950　zehant schiet ich mit vreuden dan,
wan ich von leide sâ genas,
swie grôz mîn ungemüete was.
swer ir schœne solte sehen,
swaz im leides was geschehen,
2955　der muoste sâ mit vreuden wesen
und von unvreuden sîn genesen
und von ir tragen hôhen muot.
hæt ich gar wider brâht mîn guot,
ich weiz von wârheit sunder wân
2960　ich möhte es niht genozzen hân

2935 arebeit A　　2936 zahey A, Ey B; wie uil k. B　　2939 min A, gane B, gar der H.　　2940 in r. s.] riche selde A, Ir riche sôllte solldell B　　2943.2944 *fehlen* B　　2943 begund H.　　2944 werchen *auf Rasur* A　　2949 gieng B *fehlt* A　　2951 sa A *fehlt* B　　2953 sôllte B　　2954 wär B　　2956 von A *fehlt* B　　2959 s. won B, s. ban A

den halben teil als vil als ir.
sô rîche sælde fuogte mir
got durch die hôhen sælikeit
die er hâte an sî geleit.
2965 Sus was mîn vrowe, daz ist wâr,
bî mir mêre dan ein jâr
daz ich von dem künic, ir man,
gewissen boten nie gewan
noch gewæriu mære
2970 wie ez ergangen wære;
von muoter noch von vater ich nie
gewisse botschaft enphie;
dar zuo wart mir von Engellant
der selben zît nie bote gesant.
2975 des nam mich dicke wunder
und dâhte alsô besunder:
‹benamen, ich weiz von wârheit wol,
daz ich des niht zwîveln sol,
daz der künic von Engellant
2980 verdorben ist, wan ich bevant
von im gewæriu mære nie.
ê daz er mîne vrowen hie
sô lang lieze ungesehen,
er lieze im ê ein leit geschehen,
2985 des er verdorben læge.
der künic von Norwæge
ist ouch verdorben, daz ist wâr;
wan ez ist wol drithalp jâr
daz er von sînem lande
2990 mîne vrowen sande.
west er die bî mir gesunt,

2966 den AB, danne H.   2968 vernam B   2972 boteschaft H.
2974 b. erkant AH.   2975 dike A, gros B   2979–3008 *fehlen* B   2983
lange H.   2991 weste H.

       ich hæt ze etslîcher stunt
       sîne boten hie gesehen.
       sî sint et tôt; des muoz ich jehen.›
2995   Nû truoc mîn herz zaller zît
       mit im selben manigen strît,
       ob sie lebten oder niht.
       ich lie dem wâne mîn phliht
       und wânde des von wârheit.
3000   nû sach ich daz mîn vrowe ir leit
       sô rehte wîplîchen truoc.
       swie vrô sî was, sô man gewuoc
       ir vriundes namen an einem man
       des sî doch künde nie gewan,
3005   sô erweinde sî der name zehant,
       sô sî des genamen vant
       der in ir herze was behaft
       mit lieplîcher geselleschaft.
       in weinden dick ir ougen
3010   mit klagender swære tougen,
       wan diu vil strenge Minne
       ir kintlîchem sinne
       den jungen degen hât ergeben.
       ein herze truog ir beider leben,
3015   er truog ir leben, sîn herze ir lîp,
       swie sî nie worden was sîn wîp.
       diu Minne leit vil dick ir bant
       zwein herzen den vil unbekant
       der Minne werc an minnen ist;
3020   diu Minne füeget einen list
       daz zwei ein ander liebes jehent
       der êrsten stunt sô sî gesehent

2992 hæte H.   2995 herze H.   2996 mägen A, mangen H.   2998
mîne H.   3009 In wenndig ir o. B; dicke H.   3012 ir] in A, An B;
kintlichen BH.   3013 dem H.; hâte H.   3015.3016 *umgestellt* BH.
3017 dicke H.   3019 D. minnen w. A   3021 ein] an A *fehlt* B

ein ander minneclîche;
diu Minne wirt vil rîche
3025 daz sî mit solher liebe stât
daz diu minne niht zergât
an den gelieben beiden.
diu liebe ist ungescheiden
diu an zwei gelieben leben
3030 alsus mit liebe wirt gegeben.
 Diu Minne mir der wârheit jach
die ich an mîner vrowen sach,
wan sî dem edlen herren guot
an minnen truoc sô stæten muot,
3035 und doch an sînem arme nie
mit kusse süeze lieb enphie.
der minne werc in vrömde jach,
wan daz diu minne an in geschach
von der ich hân gesprochen hie.
3040 ietwederz von dem andern lie
sich sliezen in der Minnen stric,
dô der êrste minnenblic
von in beiden was geschehen,
dô sî ein ander solten sehen
3045 mit ougen an der êrsten stunt,
dô in wart herzenliebe kunt.
des wart ich an der vrowen gar
kuntlich unde wol gewar.
ich nam ez in mînen sin
3050 und dâhte dicke her und hin:
‹jâ, herre, wie sol ez ergân?
sît ich mîn edel vrowen hân
erlôst von grôzer arebeit,

3023 jnnekliche B 3027 An die geliepten b. B 3029 Nun an
zwain B 3030 Alss vnns m. B 3035 doch AB, noch H. 3036 svziv
A, susse B; liebe H. 3041 wunnē B 3048 Kunlich B, kuntlîche H.
3050 her dike A 3052 edele H.

	wie sol ich nâch ir werdekeit
3055	ir dinc gefüegen dan alsô
	daz sî niht immer wese unvrô?
	wan ir muoz leider sîn bereit
	grœzer leit und armekeit
	dan ir von arte wol gezeme,
3060	ez sî daz ich es ir beneme
	sô vil als ich ez verenden mac.
	swaz aber ich hinz an disen tac
	rîches guotes ie gewan,
	dâ mit möhte ich einen man
3065	gewinnen mîner vrowen niht
	der lêhens von ir vater giht.
	sît mir nû ist daz guot verseit
	daz wol gezæme ir edelkeit,
	sô wil ich sî versuochen
3070	ob sî des welle geruochen
	daz sî ein rîchez koufwîp
	immer sî, ê daz ir lîp
	müeze lîden armekeit
	in dienstlîcher arebeit.›
3075	Dar nâch gedâht ich alsô:
	‹ich müeste et immer sîn unvrô,
	schied ich die lieben stætekeit
	die sî ir trûtgesellen treit.
	ach, daz ist niht anders doch
3080	wan ein wân; den hât sî noch
	mit triuwen in ir herz ergeben.
	nû zwîvel ich des daz sîn leben

3055 danne H.   3057 mùst B   3058 grozes AB; armikeit A, arbait B   3061 ichs H.   3062 vnntz BH.   3064 mit A *fehlt* B, mite H.   3068 edlikeit A   3070 des B *fehlt* AH., *vgl. z. B.* 1917; wöllte B   3072 e A *fehlt* B   3075 gedâhte H.   3076 et A *fehlt* B; wesen B   3077 Schaid B; liebe BA   3079 Ach wenke d. A, ach wênc d. H.   3080 Wenn an man B   3081 herze H.   3082 Vntzwyffel es ist ain schwär leben B

noch lebe. nein, der herre ist tôt.
des hât sî dester grœzer nôt,
3085 wan ez ist ein blôzer wân
dar an sî vreude wænet hân.›
sus klagte ich sî mit maniger klage.
ich gie zuo ir an einem tage.
dô gruozte diu vil guote mich
3090 mit ir gruoze minneclich.
ich sprach: ‹vil liebiu vrowe mîn,
möht ez mit iuwern hulden sîn
daz ir geruochtent hœren mich?›
‹jâ, herre vater mîn, nû sprich.
3095 swaz dînem willen wol behage,
daz hœr ich gerne. trût, nû sage.›
‹vrowe, daz vergelt iu got.
daz ist ein sæliclich gebot
iuwer werden süeze.
3100 nû gedinge ich, ob ich müeze
gegen iuwern hulden sprechen iht,
daz ir mir daz verkêrent niht
und ez mit iuwern hulden stê,
swaz ich bete an iu begê.›
3105 ‹daz tuon ich, vater, sammir got.
dîn bete daz ist ein gebot,
an dem ich gerne leisten sol.
swaz dir behagt von herzen wol,
daz ist mir liep, ich bin es vrô.›
3110 zuo mîner vrowen sprach ich dô:
‹ich spriche, sît ich urlob hân.
vrowe, ir sult iuch wol entstân

3084 deste H. 3087 ich sin mänge klage B 3089 gůte A, susse B
3096 bœre H.; gern BA; trovt A *fehlt* B 3097 vergelte H. 3099 werennde B 3103 ez A, dz B, dêz H. 3104 beger A, begie B 3105 *Absatz* B 3107 In dem B 3112 solt AH., sonnd B, *vgl. z. B.* 3840

    waz an iu wunders ist geschehen.
    ich hân leider reht ersehen
3115 daz niemen lebender ist erkant
    der iu ze vriunde sî benant.
    sî sint leider alle tôt.
    nû hân ich umb iuwer nôt
    vil dicke in dem herzen mîn
3120 grôze sorg und hôhen pîn,
    wie ez sol umb iuch ergân.
    der grœste kumber den ich hân,
    got weiz wol, vrowe, daz der lît
    an iu mit sorgen zaller zît.
3125 der hât mich dick in sorgen brâht.
    nû hân ich dicke des gedâht,
    ê daz ir duldent armuot,
    daz ir rîcheit unde guot
    in grôzer rîchlîcher kraft
3130 næment in der genôzschaft
    in der ich koufman bin genant.
    mîn sun der ist iu wol erkant
    daz der mit rîcher werdekeit
    vil wirde in sînem namen treit,
3135 der wirde der ein man sol hân
    der sich koufes sol begân.
      Des wolt ich muoten, möht ez sîn
    mit iuwern hulden, vrowe mîn,
    daz ir den næment zeinem man;
3140 wan ich des niht erdenken kan

3113 ivh AB 3114 rehte H. 3115 lebennde B 3116 Der nun üwer ze frunde sy bewanndt B 3118 hab B; umbe H. 3119 Vil gesächte B 3120 sorge H. 3121 svl A 3122 div groste sorg div A; kummer B 3123 der lib A 3125 dicke H.; sorg A, sorge H. 3127 E A *fehlt* B; dullden B 3130 Nemt B; gnôzschaft H. 3135 die ein H. 3137–3166 *fehlen* B 3137 wolte H.; möht] solt *korr., am Rande* möht A, möhte H. 3138 vrow A

wie iu wider werd erkorn
diu hêrschaft die ir hânt verlorn
an dem künic werde erkant,
Willehalm von Engellant.
3145 dem hât leider nû sîn leben
ein ende mit dem tôde geben.›
mîn vrowe sprach mit zühten dô:
‹herre vater, ich bin vrô
des dû versuochet hâst an mich.
3150 swaz dû wil daz wil ouch ich,
wan daz ist billich unde reht.
hiezest dû mich dînen kneht
ze man mit dînem râte hân,
daz wurd sâ durch dich getân
3155 mit guotem willen sunder spot;
wan dû und unser herre got
hânt mir den lîp und ouch daz leben
mit vreuden wider gar gegeben.
ich enwil niht sprechen umb dîn kint.
3160 die swechsten die dâ bî dir sint
die sint mir alle gelîche wert
als es an mich dîn bete gert.
dest wâr, der juncherre ist wert
der besten sælden der man gert;
3165 daz tuot er mit gebærden schîn.
ich wil sîn vrô mit willen sîn.
  Süezer lîp, nû tuo ouch dû
des ich an dich muote nû.›
‹gerne, vrowe mîn, dest wâr.›
3170 ‹sô lâ mich beiten noch ein jâr
mit dînem willen âne haz,

3141 werde H. 3142 die] div A 3143 kvng A, künege H.; wert H.
3149 Daz A 3154 wurde H. 3160 swechisten A 3166 vro *aus* vrowe
korr. A 3167 Vatter ich bitt dich du wöllist thůn B 3169 G. frow da
nim dez war B 3170 Lond mich B

ob unser herre füege daz
mîn gemahel inder lebe,
daz er mir in wider gebe.
3175 ich weiz ez reht und zwîvels niht,
lebt er, daz er mich gesiht
ê ditz jâr verende sich.
geschiht ez niht, sô muoz ich mich
vertrœstet sînes lîbes hân.
3180 nû lâ mich beiten ûf den wân,
sô leist ich gar den willen dîn.›
‹gerne, vrowe, daz sol sîn.
ich wil iu gerne bîten,
wan got in manigen zîten
3185 nie geschuof sô ganze tugent
in alsô kintlîcher jugent
noch lîp sô sældenrîchen.
daz ir sô minneclîchen
die bet enphangen hânt von mir
3190 sô gar nâch mînes herzen gir,
des muoz ich in dem herzen mîn
dester sældenrîcher sîn
immer mêr die wîl ich lebe.
daz iu got mit vreuden gebe
3195 immer sæliclîchez leben!
swaz ich hân umb iuch gegeben,
daz liebet mir baz unde baz
an iu mit liebe sunder haz.›
  Ich gie von mîner vrowen dô.
3200 sî was trûric, und ich vrô,
daz sî ir liebes was ermant.
mich vreute daz ich an ir vant

3173 yenen B   3175 ez A, wol B; rehte H.; tzwyffel B   3181
leiste H.   3183 gern AB; lon biten B   3189 bete H.   3192 deste H.
3193 div weil A, vntz B, die wîle H.   3193.3194 leb : geb A   3194
fehlt B   3195 Ie sällden riches leben B   3202 Mit fröde B

	antwurt nâch dem willen mîn.
	ir minneclîcher ougen schîn
3205	von jâmer was ir worden naz
	nâch dem des sî nie vergaz,
	ich meine ir vil werden man.
	diu zît mir lieben began
	daz ich die guoten ie gesach,
3210	diu wîbes güete nie gebrach
	durch unwîplîchen sin.
	daz jâr gie nâch dem andern hin,
	daz ich vernam für wârheit nie
	mit gewissen mæren wie
3215	ez umb den künic von Engellant
	und umb ir vater wær gewant.
	der zît wart mit sô guoten siten
	von der vrowen mîn gebiten
	daz ez ir sæliclîchen prîs
3220	mit lobe zierte manige wîs.
	mîn heil begunde rîchen,
	mîn ungelücke entwîchen.
	von ir sælden dûhte mich
	mîn vreude wart vil grôzlich;
3225	wan mîn gedinge und ouch mîn wân
	was an die guoten gar verlân;
	wan ich mich des versach an ir
	sî solte immer sîn bî mir.
	Dô daz jâr ein ende nam
3230	und daz zil anz ende kam,
	ich gie aber sâ zehant
	hin dâ ich mîn vrowen vant.

3203 An truwe n. B   3207 mein A, wene B   3210 zerbrach B
3213 veriah von w. B   3216 umbe H.; wz B, wære H.; gebant A
3220 z. jn menge B, zirten manigē A, z. en manegen H., *vgl. z. B.* 540,
2037   3221 hab B   3224 grœzlich H.   3226 gar A *fehlt* B   3230 zit
B; an ein ende A, ansehennde B   3232 mîne H.

ich sprach: ‹vrou, ir wizzent wol
wes ich iuch aber bitten sol.
3235 unser beider zil ist komen
daz von uns beiden wart genomen:
verendet hât sich unser jâr.›
sî sprach: ‹vater, dû hâst wâr.›
‹nû sagent mir, liebiu vrowe guot,
3240 wie stât aber iuwer muot?›
‹wol: ich wil nû stæte lân
swaz ich dir geheizen hân.
swaz dû, lieber vater mîn,
wilt von mir, daz sol et sîn.
3245 des vreute mîn gemüete sich.
ir geheize vreute ich mich
und seite es ir von gote danc,
der sî sô hôher güete twanc
daz sî sich niht wolte schamen
3250 sî lieze küniginne namen
durch mich und hieze ein koufwîp.
des sî ir sældebernder lîp
geêret immer mêre
mit vreudenrîcher lêre.
3255 Dô ich, als ich gedâhte,
in mînen willen brâhte
mîne reinen vrowen guot,
sô daz ir herzeclîcher muot
mîner bete was bereit
3260 mit willeclîcher stætekeit,
ich vreute mich der sælden grôz;
wan nie dekein mîn genôz

3233 vrowe H.   3235 zit B   3239 mir A *fehlt* B   3240 staut B,
stet AH.   3241 nv A, üch B   3244 dass müss sin B   3247 von gůtem
d. B   3249 wőllte B   3250 Sy hyess künstlichen n. B   3252 selde
wernder A, solberennden B   3254 frödelicher B; êre H.   3255 *Kein
Absatz* B   3260 Mit B *fehlt* A   3261 Ich A, Vnnd B

sô grôze werdekeit gewan
sô diu der ich mich versan
3265 an mîner vrowen werdekeit.
zuo mînem herren ich dô reit
ze hove für den palas
dâ er heimlich ûffe was.
ich erbeizte und gienc für in.
3270 durch sînen herzeclîchen sin
hiez mich der liebe herre mîn
güetlîch wilkomen sîn.
des seite ich im genâde dô.
dar nâch vrâgte er mich alsô:
3275 ‹waz meinet, Gêrhart, daz dû bist
zuo mir komen an dirre vrist?
ist dir iht arges?› ich sprach: ‹niht,
wan daz ein heimlich geschiht
mich an iuch gewîset hât,
3280 herre mîn, umb iuwern rât.›
er sprach: ‹benamen, den vindestû
an mir nâch mînen witzen nû.
sage mir waz dir werre.›
dô hiez mich mîn herre
3285 sitzen an die sîten sîn
und sagen gar den willen mîn.
  Ich sprach: ‹herre, ich wil iu sagen
durch waz ich rât an iu muoz jagen,
durch den ich her bin zuo iu komen.
3290 ir habent lîhte wol vernomen
wie ez mir ist ergangen,
wie ich vant gevangen

3264 div A *fehlt* B 3268 heimlîche H.; vffe A *fehlt* B 3269 vnnd gieng B *fehlt* AH. 3270 herlichenn B 3272 güetlîche willekomen H. 3273 seit AH., sagte B; groz *übergesetzt* genade A 3275 Mich wundert gar hart B 3280 min A *fehlt* B 3281 vinstu B 3288 Durch wz raut ich müss an uch iagen B 3289 zů üch bin k. B

edel ritter hôchgemuot
und ein küniginne guot
3295 mit starken banden wol behaft
in der wilden heidenschaft,
wie ich die von untrôste
mit mînem guot erlôste
durch got und durch ir selber danc.
3300 ir jâmer mich des koufes twanc.
den wolt ich warten beiden.
dô ich von den heiden
erlôste daz vil arme her,
ich lie die ritter über mer
3305 ze lande kêren wider hein.
mit ir juncvrowen zwein
brâht ich die küniginne her.
ez was mîn muot und ouch mîn ger
daz ich ir man behielte ir lîp,
3310 ob er lebte und er sîn wîp
suochte, daz er funde sî
mit êren gar vor wandel vrî.
sus was sî bî mir, daz ist wâr,
vil nâch mêre dan ein jâr
3315 daz mir von rehter wârheit
nie von ir manne niht wart geseit.
  Dô rett ich mit der guoten
ob ich getörste muoten
ob sî sich wolte lân gezemen
3320 daz sî ze man geruochte nemen
mînen sun. daz lobt ir munt
mîner bete sâ zestunt.

3293 edele H.   3295 wol behût B   *nach* 3296 Verschwunden wz
jnen jr kräfft B   3298 guote H.   3301 wolte H.   3304 v. daz mer A
3310 *zweites* er A *fehlt* B   3314 danne H.; zway iar B   3316 nicht
A *fehlt* BH.   3317 ret A, rette H.   3318 getorste H.   3319 Ob sin
lange wöllte zemen B   3321 Min B; lobte H.

sî lobte mînes willen vil,
gæbe ich ir ditz jâr ein zil,
3325 ob ir man inder kæme,
daz sî den wider næme.
daz jâr ein ende hât genomen,
daz zil ist ûf ein ende komen.
noch wil diu liebe vrowe mîn
3330 an ir geheize stæte sîn
und wil ir megetlîchen lîp
geben unde werden wîp
mînes sunes. des bin ich geil.
daz grôze vreudenrîche heil
3335 mir an iuch gerâten hât,
daz ich lêre, helfe und rât
an iu, herre, über schouwe;
wan mîn vil reiniu vrouwe
hât alsô sældenrîchen lîp,
3340 wirt sî mînes sunes wîp,
sô hân ich immer mêre
sælde, guot und êre.
wan swaz mir sælden ie geschach,
sît ich die guoten êrst gesach,
3345 die hâte ich von der sælikeit
die got hât an sî geleit.›
Dô sprach mîn herre: ‹sît dîn rât
dich an mich gewîset hât,
sô wend ich dîner sælden niht;
3350 wan got mit sæliclîcher phliht
dîn heil alsô gekrœnet hât
daz ez geblüemet immer stât
nâch wunschelîchem heile gar.

3331 magtumlichen B   3336 vnd A *fehlt* B   3337 her AH.   3339 als
AH.   3343 Wann wz B, Wan *vom Korrektor vorgeschrieben* Swaz A,
swaz H.   3344 êrste H.   3345 Die hon ich B   3349 wende H.;
dine B   3353 wunschelichen B, wnschlichem AH.; dingen B

swer es nimt ze rehte war,
3355 der muoz von schulden jehen dir
daz got nâch wunschelîcher gir
mit sælden hôher werdekeit
an dich mit vlîze hât geleit
dan an dekeinen lebenden man;
3360 wan dir nû got der sælden gan
diu vor uns nieman geschach.
sô wær mir immer ungemach
ob ich die solte krenken,
verswachen, neigen, senken.
3365 ich wil sî hôhen swâ ich kan.
dîn sun der ist ein koufman
und ouch ein harte stolzer kneht.
der sol dienstmannes reht
enphâhen unde leiten swert
3370 in ritterschefte werden wert.
der welde hœhste werdekeit
bejagt ein man der wâpen treit.
alsus wil ich dich stiuren
und dîne sælde tiuren.›
3375   ‹Herre, daz vergelt iu got
durch sîn gotlich gebot.
daz ist ein sô grôziu êre
daz ich bin immer mêre
gewirdet und gerîchet.
3380 mîn ungelücke entwîchet;
wan iuwer grôziu milte hât
mir gegeben sô hôhen rât
daz ich bin mit vreuden geil.
ich möhte daz vil grôze heil

3356 wnschlicher AH.   3357 Mit söllicher würdenkait B   3359
Denn B, Danne A   3360 der A, nun B; sælde H.   3361 Div A, Wz B
3364 Verswengken B   3367 och B, noh *übergesetzt* A, noch H.; hagen-
stoltzer B   3375 vergelte H.   3377 so B *fehlt* AH.   3383 mit A *fehlt* B

3385	des iuwer milte mir vergiht
	unz ûf mîn zil gedienen niht.
	sît ich nû muoz von schulden jehen
	daz mir ist von iu geschehen
	ein solch genâde daz nie man
3390	von sînem herren mê gewan
	alsô genædeclîchen wân
	als ich von iu vernomen hân,
	sô krœnet mînen hôhen muot
	und daz genædeclîche guot
3395	des ich mich sol an iu versehen,
	des iuwer trôst mir hât verjehen,
	und ruochent, lieber herre mîn,
	die hôchzît bî mir sîn
	diu nû ze phingsten gelît;
3400	wan ich ze dirre hôchzît
	mînem sun wil geben swert
	und die vil süezen vrowen wert
	ze wîbe, ob es geruochet Krist
	der aller ding schepher ist.
3405	Daz lobte mir mîn herre dô.
	ich schiet von dan und was vil vrô.
	ich reit mit vreuden für die stat
	in die gegen unde bat
	die lantherren die ich vant
3410	bî dirre stat über al daz lant
	daz sî geruochten sîn bî mir
	die hôchzît. des wurden wir
	gewert, mîn lieber sun und ich.
	mîne herren êrten alle mich,
3415	grâven, vrîen, dienestman,

3386 uergellten B 3388 von üch ist B 3399 phingisten A 3400 zů diser hochen zit B 3402 div vil svzze vrowe A 3404 dinge H. 3408 gegend A, gegene H. 3410 übr H. 3414 ertend sich B 3415 dienestman BH.

daz ich ir an mich gewan
mêre dan driu hundert,
wol varende und ûz gesundert
an werdekeit zem besten,
3420 die sich geruochten gesten
ûf mînes sunes hôchzît
ritterlîch enwiderstrît.
dô kêrte ich wider in die stat.
mîne burger ich des bat
3425 daz sî gar mit iren wîben
geruochten ouch belîben
bî mir die hôchzît alhie.
des bat ich. daz gelobten sie
als ich es hâte an sî gegert.
3430 alle die des wâren wert
die bat ich durch den willen mîn
alle gelîche bî mir sîn.
die gelobten ez gemeine gar
und gasten sich mit vlîze dar.
3435 Nû hiez ich gegen der hôchzît
machen ein gestüele wît
und für die hurte veste schragen
sô wîten ûf den hof geslagen,
swenn ein ritter rehten sweif
3440 mit hurte durch den rinc begreif,
daz wol sîn puneiz volkam,
daz in daz ors mit sprungen nam.
ouch vleiz ich mich der beider,
ors und rîcher kleider
3445 mir und dem sune mîn

3419 ze dem B, zen H.   3422 riterlichen A, riterlîche H.; on w.
B, w. A, *vgl. z. B.* 5931   3425 ir AH.   3426 ůch A *fehlt* B   3427 alle
hie AH.   3428 lobten AH.   3429 ez A *fehlt* B   3433 gelopte B,
lobten AH.   3437.3440 hürte B   3439 Wenn B, swenne H.   3441
puniess B   3442 sprunge H.   3444 Rosss B, orse H.

        und knappen, die geruochten sîn
        in mînes sunes gesellschaft.
        ich vleiz mich daz ich rîche kraft
        an wirtschaft hiez bereiten.
3450 nû moht ich kûme erbeiten
        daz ditz zil ein ende nam
        und daz der heilig âbent kam.
        daz lieht erschein. des was ich vrô.
        nâch mîner bete kâmen dô
3455 die herren von dem lande dar
        mit maniger ritterlîchen schar.
        mîn sun mit grôzer werdekeit
        gegen in für die porte reit
        mit den knappen für die stat
3460 die er mit im dâ rîten bat,
        ritterlîch und wol bekleit.
        die burger wâren ouch bereit
        mit maniger stolzen vrouwen,
        an den man möhte schouwen
3465 rîcher gastunge vil
        mit schallîchem seitenspil
        nâch dem âbent ûf den hof.
        mîn herre der erzbischof
        kam ouch mit fürstenlîchen siten
3470 mit mir in mîn hûs geriten
        mit schalle ûf daz gestüele dar.
        sî sâzen und enbizzen gar.
          Dô der imbîz geschach,
        mîn herre sîne man gesprach,
3475 grâven, vrîen, dienestman.
        die kôrherren wâren dran
        unde der burgære vil.

3450 mohte H.; enpeiten A   3451 Dz das B   3454 kamund B, komen AH.   3461 Richlich B, rîterlîche H.   3469 Chom AH.

        die brâht ich ûf des râtes zil.
        mit der râte wart gegeben
3480   mînem sun ein hôhez leben,
        ze rehte dienstmannes reht.
        mit ir urteilde ebensleht
        wart sîn genôzschaft neben in.
        dirre hêrlich gewin
3485   als offenbârlîch geschach
        daz in wol hôrt unde sach
        manic hôchgemuoter lîp,
        phaffen, ritter, werdiu wîp.
        des vreut ich mich gar sunder klage.
3490   an dem heiligen tage,
        dô man messe hie gesanc,
        nâch dem segen gie niht lanc
        ê daz ich mîne vrowen nam.
        ich fuorte sî, als ir gezam,
3495   gegen mînem herren dort hin dan
        dâ sî manic werder man
        sô zühterîche gerne sach,
        der ir der hœhsten sælden jach.
        waz sol ich dâ von sprechen mê?
3500   mînem sun ze rehter ê
        wart gegeben mîn vrowe sâ
        vor manigem edlen ritter dâ.
            Sus riten wir mit vreuden dan
        mit manigem hôchgemuoten man
3505   an daz gestüel mit schalle.
        die werden ritter alle
        begunden buhurdieren

3478 brâhte H.   3482 vrtaillende B   3483 nebent A   3484 hêrlîche H.   3485 offenbærlîche H.   3486 hôrte H.   3488 r. vnnd wib B   3489 frowut B, vreute H.   3494 als ez ir A   3495 mînē AB, mîme H. 3496 mängen werden B   3504 hochgebornē B

mit liehten banieren.
ir decke wâren rîche.
3510 mit zühten hovelîche
mîn herre in rîcher werdekeit
bî mîner vrowen schône reit.
an daz gestüele er saz zuo ir;
daz was mîn bete und ouch mîn gir.
3515 nû wâren sî gesezzen.
wir hâten niht vergezzen,
ich reit her und mîn sun hin,
und nâmen daz in unsern sin,
swie wol ir wurde war genomen
3520 die dar wâren durch uns komen,
wir vlizzen uns des in rîcher kraft,
mit zühten grœzer wirtschaft
die gâben wir mit vreuden hie.
des uns jâhen alle die
3525 dâ wâren an der hôchzît.
ich reit durch daz gestüele wît
und sach, swie kranc et was ein gast,
daz im an wirtschaft niht gebrast.
für mîne werden vrouwen
3530 reit mîn sun dicke schouwen
sîn herzeclîchez lieb an ir.
daz muost et dicker danne zwir
mit süezen blicken dar geschehen,
wan er sî gerne mohte sehen.
3535   Dô der imbîz ende nam,
swaz dem tage wol gezam
ze kurzewîl, daz was getân.
_____

3508 baniern B, panieren AH.   3516 haben H.   3519 Wie AB
3521 vlizzn H.   3522 grosser B   3523 vreude AH.   3527 krank er w.
AB, kranker w. H.   3529 werde A   3531 liep H. *fast immer* 3532
muoste H.   3533 geschen A, gespehen B, geschehn H.   3534 gern
AB; sehn H.

der tac begunde ein ende hân,
dô kam diu heilige naht.
3540 mîn sun mit vlîzicl`cher maht
kêrte dar an sîn gerinc
wie er der hübschen liute dinc
alsô geschaffen möhte
daz ez nâch êren töhte.
3545 êr hiez die naht sî schrîben an,
wan er niht worden was ze man
nâch ritterlîchem rehte.
dô wart als einem knehte
sîn gemahel im versaget.
3550 sî was sîn vrî. als ein maget
was sî des morgens genant:
sîn minne was ir unbekant.
daz was billich unde reht.
swie er dannoch wær ein kneht,
3555 ir minne sîn gemüete twanc
sô grôzer nôt daz sîn gedanc
nâch der vrowen minne bran.
sô sêre er minnen sî began
daz er von vreuden gar vergaz
3560 ob er mit dienste ie gemaz
sîne bete an werdiu wîp.
daz machet im ir reiner lîp.
  An dem andern morgen fruo
dô wâren wir bereit dar zuo
3565 daz wir ze messe kâmen
und gotes ampt vernâmen,
mîn vrowe und al diu ritterschaft.
in alsô ritterlîcher kraft

3539 kom AH. 3540 vlyslicher B, vlîzeclîcher H. 3541 sin g. A, sine sinn g. B, sînn g. H. 3542 houelschen B, höveschen H. 3545 er H.; div A; nauch die s. a. B 3549 Sitz gemaches mier v. B 3551 Waz AB, swaz H.; m. was g. H. 3554 wære H.

          truoc mîn vrowe rîchiu kleit
3570   daz sî wol nâch werdekeit
          möhte tragen ein keiserîn.
          von samît und von baldekîn
          roc und mantel wâren lanc,
          von hermîn gefurrieret blanc
3575   und wîz ein hemde sîdîn,
          schappel, fürspan, vingerlîn
          und einen borten guot genuoc
          diu edel hôchgemuote truoc,
          reines herzen kiuschen muot
3580   under rîchen kleidern guot.
          ouch truoc nâch ritterlîchen siten
          rîche, wæhe, wol gesniten
          an der selben hôchzît
          mîn sun vil tiuren samît,
3585   der was grüen alsam ein gras.
          mit sniten geparrieret was
          ein rôter phellôl wæhe dran.
          diu kleider truoc mit vreuden an
          mîn sun mit zwelf gesellen wert,
3590   die dâ bî im nâmen swert
          und mit im truogen disiu kleit
          durch in und durch ir hübscheit.
          Dô messe was gesungen,
          die hôchgemuoten jungen
3595   giengen nâch vil werder kür
          zuo mînem herren dort hin für.
          der segnete in diu swert aldâ.

3569 richekait B   3572 samîte H.   3573 vnd A *fehlt* B   3574 hormin B, hermlen A, härmîn H.; gefüteret B   3576 schapel H.   3578 edele H.   3580 Vnnd der r. klaider genûg B   3585 grünner B, grüene H.; dann B   3586 schniete B   3587 pfeller B, phellel H.   3592 hobischeit A, hoffekayt B, hövescheit H., *vgl. z. B.* 2164, 2411   3593 Do div m. AH.   3597 segente H.

den jungen niuwen helden sâ
gurten stolze ritter wert
3600 umbe nâch ir rehte ir swert.
nâch dem gotes segene
drungen die swertdegene
mit schalle für des münsters tür.
ir ors verdaht mit rîcher kür
3605 funden sî bereit alhie.
ze orse sprungen alle die
in ritters namen kâmen dar.
manic banier vor der schar
sach man halten liehten schîn.
3610 ouch muost aldâ mit schalle sîn
tambûr unde floyten spil.
süezer videlære vil
huoben nâch ir künste gebote
schelliclîche reisenote
3615 mit süezen hovelîchen siten.
dâ wart mit schœner zuht gebiten
der vil werden vrowen gar.
mîne vrowen fuorte dar
mit schœnen zühten ûf den hof
3620 min herre der erzbischof.
ir giengen rîche vrowen nâch
mit schœner zuht, in was niht gâch.
  Die werden vrowen rîche
  die funden al gelîche
3625 ir phert bereit aldâ. sî riten.
dâ wart niht langer dô gebiten,
die schilde wurden sâ genomen

3600 vmb AB; *zweites* ir A *fehlt* B   3604 örs A, rosss B   3607 chomen dar AH.   3610 muoste H.   3611 Tambür B, tambûre H.   3614 Schallich B, schelleclîche H.; rayssen noten B, riffe note A   3616 da A *fehlt* B   3617 schar B   3621 Ir B, Dem A, der H.   3624 alle AH. 3626 da AB, dô H.; do A, da BH.

ze ahsel dô man sî sach komen.
die ellenthaften jungen
3630 vor den vrowen drungen
mit senften siten lîse.
in maniger süezen wîse
wart sô gehœhet hie der schal
daz des dônes galm erhal
3635 über al die stat mit schalle grôz.
nû wart mit sûse michel dôz
dô sî riten ûf den rinc.
‹nû hin dar nâher! dringâ, drinc!
wîchâ, wîch, lâ wîchen!
3640 hurtâ zuo! lâ strîchen
für daz gestüele ûf daz sant
manigen ritter wît erkant!›
daz was ein gemeiner dôn
mit ritters rât ûf minne lôn.
3645 ‹zay, tschâvalier! âvoy, diu wîp!
got halte dich, reiner wîbes lîp!›
daz was ir krî mit stolzer kraft.
aldort kam ein geselleschaft,
diu ander dâ, diu dritte alhie;
3650 nâch der sich aber schowen lie
ein süeziu schar, diu kam gevarn,
diu ouch vil wênic kunde sparn
daz ors ze beiden sîten.
ûf dem ringe wîten
3655 begunden sî hurtieren.
von den liehten banieren

3628 Ze hallse B   3629 ellenthafte A   3634 Dz der schall uil lut
e. B   3636 von süsse B   3638 dring dring B   3642 wîte H.   3644
riters rat ʋf A, ritterschafft B, rîters râte ûf H.   3645 Zayt scaualier
A, Zaitschaualier B   3646 halt H.   3647 krei A, geschary B   3648
Alss dortt B; chom AH.   3652 vil A *fehlt* B   3655.3656 *umgestellt* B

huob sich ein michel rûschen dâ.
man hôrte ûf dem ringe sâ
von schellen michel klingen.
3660 mit ritterlîchen dingen
wart dâ vreuden vil gedâht,
und ûf daz gestüele brâht
diu hôchgemuote vrowe mîn
durch der vreude ez solte sîn.
3665 Dô der werden vrowen schar
kam an daz gestüele dar,
der buhurt wart verlâzen.
die knappen niht vergâzen
der orse dâ; sî zugen sî hin.
3670 der wart gephlegen wol von in.
dô teilte ich nâch ir wirde kraft
ieglîcher geselleschaft
daz gestüele als ez gezam.
den einen teil des ringes nam
3675 diu ritterschaft durch hôhen muot,
den andern teil die vrowen guot;
daz gegengestüele gab ich sâ
vrîen unde grâven dâ.
dannoch was ieglîchem bereit
3680 ein sitz nâch sîner werdekeit.
mîn herre bî der vrowen saz.
knappen snel und niht ze laz
truogen wazzer dar zehant.
ir ieglîcher tet erkant
3685 sîn ampt mit fuoge, des er phlac
den und ouch den êrern tac.
truhsæzen unde schenken

3657 rauschen A, rüschen B   3664 D. die fröde s. s. B, d. die ez
s. s. AH.   3666 chom AH.; alldar B   3669 ôrse A, rosse B   3671 n.
der werde k. B   3686 erorn A, eren B, erren H.

muosten daz bedenken
daz man der geste phlæge wol.
3690 der rinc was werder knappen vol,
die mit zühteclîchen siten
ungerne hæten daz vermiten.
sî nâmen ir mit zühten war
die mîn bete brâhte dar.
3695 Nû gab uns got sô liehten schîn
daz der tac niht mohte sîn
wünneclîcher dan er was.
liehte bluomen unde gras
hât uns des meien güete
3700 brâht in vil liehter blüete.
des sagte ich genâde gote
unde sînem süezen gebote
mit herzeclîcher vreude breit.
dô ich durch daz gestüele reit
3705 die lieben geste schouwen,
für mîne werden vrouwen
erbeizt ich unde nam ir war,
ich bôt ir daz trinken dar.
als ich von dannen wolte gân,
3710 ich sach an einer sûl dort stân
vor mîner vrowen einen man,
der truoc vil ermeclîchen an
vil armez kleit mit armekeit.
ein rûher kotze was sîn kleit
3715 und ein hemde, daz was sal.
an sînem antlütz über al
was im diu varwe ersalwet.

3690 Alss man uon recht sollt B   3692 haten A   3693 næmen H.
3695 gott söllichen s. B   3697 dannen B, danne H.   3699 des maigen
B, der meye A   3700 B. mit siner b. B   3703 fröden berait B
3707 Erbaitz B, erbeizte H.; ich A *fehlt* B   3710 seul dort A, Sule B
3712 jamerlichen B   3716 antlûz A, antlüte B   3717 W. j. sin f. sol B

erswarzet und ervalwet
was im ein teil sîn rôter munt.
3720 sîne jugent tet mir kunt
ein dünner bart, der was niht lanc,
wan er dô êrst an im entspranc;
der was an im nie versniten;
daz was von jugent gar vermiten.
3725 Der arme stuont gar vreuden bar.
arme und bein die wâren gar
vil unberâten unde blôz.
sîn unvreude was vil grôz.
der vreudenlôs ellende
3730 truog ersalwet hende,
erswarzet keln unde bein.
an sînen schœnen liden schein
nâch wunsche gar der gotes vlîz.
noch wîzer dan ein snê wîz
3735 wart mir sîn schœner lîp erkant,
swâ in bedahte daz gewant.
daz was gar nâch wunsche klâr.
ouch was erwîzet im daz hâr,
daz schein in reider wîze val.
3740 ze rehte grôz, zo rehte smal
was er gewahsen unde lanc,
minneclich, ze rehte kranc,
starkiu lide wol getân,
sinewel und wol gedrân.
3745 süezes anblickes schîn
hât in daz antlütze sîn
got geleit nâch wunsche gar,

3718 *fehlt* B 3722 êrste H.; ersprang B 3729 frödeloss B,
vreudenlôse H. 3733 der A, nauch B 3734 danne H. 3738 Och
wz jm wysser sin har B 3739 D. s. wyser raide v. B 3740 Z. r. g.
recht sin wal B 3742 minnechlichen lip z. r. k. A 3743 glide B
3745 amplichez AH. 3746 Hette B; im AB; antluzze A, antlüte B

swie er stüende vreuden bar.
Dô ich gesach den guoten man,
3750 ich gestuont und sach in an,
waz sîn gebærde wære.
dô stuont der wallære
als er von jâmer trüege pîn.
er sach ie an die vrowen mîn
3755 dâ sî an dem gestüele saz.
als er sî sach, im wurden naz
in klagender nôt diu ougen
mit jâmers swære tougen.
als im diu über wielen
3760 und im die treher enphielen,
er greif ie mit dem vinger dar
unde snalte sî vil gar
von sînen ougen liehtgevar.
vil balde sach er wider dar
3765 mit jâmer dick und dicke.
ie nâch dem ougenblicke
sô wurden im diu ougen vol;
in klagender nôt und sender dol
muost er weinen sâ zehant.
3770 er tet sich under sîn gewant
und wischte sich. er sach her dan.
als er gesach die vrowen an,
sô muost er weinen aber als ê.
im was von grôzer swære wê.
3775 Dô dâht ich: ‹owê süezer got,
durch dîn gotlich gebot,
waz tiutet nû ditz wunder
daz dirre man besunder

3758 jamer B   3760 die A *fehlt* B   3761 ie A *fehlt* B   3765 dick]
dicke H.   3768 vñ A, von B   3769.3773 muoste H.   3775 ge-
daucht B, dâhte H.   3777 ditze A, dass B

sô herzeclîchen weinet?
3780 jâ herre got, waz meinet
daz im senelîchez leit
von mîner vrowen ist bereit?
er nimt von ir sô hôhen pîn.
süezer got, wer mag ez sîn,
3785 daz er sus stât und ist unvrô?›
zuo dem bruoder sprach ich dô:
‹got halte iuch, herre bilgerîn.›
‹genâde, lieber herre mîn.›
‹süezer man, wie stânt ir sô?›
3790 ‹wie, herre mîn?› ‹ir sint unvrô.›
‹nein ich, lieber herre guot,
ich bin genuoc wol gemuot.›
‹nein ir, bruoder.› ‹zwâr ich bin.›
‹durch got, wie stât iuwer sin?
3795 sint ir enbizzen?› er sprach: ‹jâ.›
‹süezer man, nû sagent mir wâ.›
‹minder, und hân doch ze vil.
dâ von ich nû niht sprechen wil.›
‹guoter man, waz meinet daz?›
3800 ‹herre mîn, ich weiz wol waz.›
‹Süezer lîp, ir sult mir jehen,
sî iu ze leide iht hie beschehen.›
‹nein ez, herre. hæte ich leit,
daz müeste mir ê sîn bereit,
3805 ê daz ich her kæme.
swem leides wol gezæme,
der müeste doch hie wesen vrô.›
den ellenden bat ich dô
von dem gestüele mit mir gân.

3780 got waz A, was dass B   3785 staut B, stet AH.   3787 hald
A, halde H.   3790 stonnd B   3793 zwâre H.   3794 staut B, stet AH.
3795 Sidt BH.   3796 mir A *fehlt* B   3798 ezzen w. AH.   3801 solt
A, sonnd B, *vgl. z. B.* 3840   3802 hie iht B   3803 hat A   3806 Wem B

3810	‹lieber herre, lânt mich stân›
	sprach der nôthafte man.
	‹lieber bruoder, nû gânt dan.›
	des wolt er gerne ledic sîn;
	doch gie mit mir der bilgerîn.
3815	von dem gestüel fuort ich in
	in eine kemenâten hin.
	ich sprach: ‹lieber bruoder guot,
	des ich iuch bitten wil, daz tuot.›
	‹gerne, herre. daz tuon ich.›
3820	‹bruoder, sô bewîsent mich
	wer ir sint. daz sagt durch got
	in rehter wârheit sunder spot.›
	‹herre, ich bin ein armer man,
	der nie in maniger zît gewan
3825	herzeliep. mîn herze treit
	kumber, nôt, jâmer, leit
	gar mit des lîbes armuot.
	ir seht wol, herre, daz ich guot
	noch lîp in rîcher ahte hân.
3830	ir mugent wol iuwer vrâge lân.
	ich bin der ermiste man
	der mannes namen ie gewan.›
	Sus vrâgte ich den bruoder dô:
	‹guoter man, wie kam daz sô
3835	daz iu sô herzeclîche nôt
	mîner vrowen schœne bôt?
	ich sach iuch jæmerclîchen stân,
	vil grôzer klage jâmer hân.
	waz was iu dô? waz klagtent ir?
3840	durch got, daz sult ir sagen mir.

3812 gent dan AH., wint gethon B 3813 wolte H. 3815 gestüele fuorte H. 3819 Gern AB 3821 sit AH.; sagent B 3828 sehennd B 3829 richer *aus* rehter *korr.* A, rehter H. 3834 käm B 3838 gross B 3839 da A 3840 süllt B

```
           ich nim ez ûf mîn kristenheit,
           swaz mir hie wirt von iu geseit,
           daz iu daz niht ze schaden kumt
           und iu doch lîht an vreuden frumt.›
3845       dô sprach der wallære:
           «sît ich in grôzer swære
           sô lange her gelebet hân,
           sô wil ich ûf die wâge lân
           den lîp. sît ich doch herzenleit
3850       dulden muoz und arebeit,
           verlius ich in, sô sî verlorn,
           wan ich doch leider bin geborn
           sunder lieb und âne trôst.
           ich wurde dan ûz sorge erlôst,
3855       sô ist mir lieber ich sî tôt.
           durch die vil zwîvellîchen nôt
           stâ nû der lîp in wâge.
           ich wil nâch iuwer vrâge
           mînes namen iu verjehen
3860       und waz mir wunders ist geschehen.
           dar nâch ergâ mir wie got wil.
           ich sag iu reht hinz ûf ein zil,
           als ich der wârheit mich verstân,
           waz ich swære erliten hân.
3865          Ich bin Willehalm genant.
           daz künicrîch ze Engellant
           sol mîn von rehtem erbe sîn.
           dâ truoc der liebe vater mîn
           gewalticlîchen schône
```

3843 kompt B   3844 ivh AB; lîhte H.   3850 arbait B   3851 Verlür B, verliuse H.   3854 werde H.; den A, denne H.   3856 vil A *fehlt* B   3857 Stan B, Ste AH.; en wage BH.   3861 ergang B, erge AH.; mirz swie H.   3862 sage iu rehte H.; vnntz BH.   3863 ich mich der B   3865 *Kein Absatz* B   3866 küngrich B, kvnichriche A, künecrîche H.   3867 S. uon rechte m. e. s. B

```
3870    des künicrîches krône,
        dâ mit er grôzen prîs erwarp.
        dô er in werdekeit erstarp,
        dô erbte sich daz rîche ûf mich
        mit rehtem erbe. dô was ich
3875    ein junger knabe in kindes jugent.
        dô mîn nâch fürstenlîcher tugent
        des landes herren wielten
        und mich vil wol gehielten,
        als ez ir êren wol gezam,
3880    ir lêre ich gar ze herzen nam.
        daz behagte in wol an mir.
        nâch ir und mînes herzen gir
        wart uns von rehten mæren kunt
        daz der künic Reinmunt
3885    hæte ein liebez kint erzogen,
        an schœn, an sælden unbetrogen,
        diu mir vil wol gezæme,
        ob ich sî ze wîbe næme.
        daz rieten mîne fürsten gar.
3890    dô sand ich mîne boten dar
        ir schœne, ir vater willen spehen.
        dô sî sî hâten gesehen,
        sî kâmen unde sagten mir
        daz der sælden wunsch an ir
3895    mit hôhem prîse læge,
        und Reinmunt von Norwæge
        mîn ze sune wære vrô.
        daz sagten mîne boten dô.
            Des vreute ich mich. ich kêrte dar
```

3871 mite H.   3874 rechten erben B   3876 min *aus* mich *korr.* A, min ich B   3878 behiellten B   3879 irn A   3885 Hat A   3886 schœne H.   3889.3890 *umgestellt* B   3890 sande H.   3892 Do sy hettund dz g. B   3893 kamund B, chomen AH.   3897 ze A *fehlt* B   3899 *Kein Absatz* B; *erstes* ich A *fehlt* B

3900	mit einer wünneclîchen schar,
	diu hâte sich zuo mir bereit
	mit ritterlîcher werdekeit.
	ich nam der besten die ich vant
	über al daz rîch ze Engellant:
3905	zwelfe die gar wâren
	vil nâch gên sehzic jâren,
	und zwelf die mit rehter tugent
	gegen drîzic jâren truogen jugent.
	der wâren ouch sumlîche
3910	vil werde fürsten rîche,
	die andern vrîe und dienestman.
	ich fuorte zwelf juncvrowen dan,
	die bî der lieben vrowen mîn
	geselleclîchen solten sîn.
3915	mit disem wünneclîchem her
	fuor ich ze Norwæg über mer.
	dâ wart ich wol enphangen.
	dô ditz was ergangen,
	mir gab der künic Reinmunt
3920	die juncvrowen sâ zestunt,
	Êrênen die künigîn.
	ê daz er mir die tohter sîn
	die ich dâ nemen solte
	ze wîbe geben wolte,
3925	ich muost im geben sicherheit
	und sweren des vil manigen eit
	daz ich im behielt ein reht,
	die wîle daz ich wære ein kneht,
	daz ich niht bî ir læge

3901 hette B   3904 riche AH.   3906 sechtzehen B   3907 zwelfe H.; vrecher B   3909 warund B, wârn H.; ✠ch A *fehlt* B; s✠meliche AH.   3911 vri A, fryenn B   3916 Norwege BH.; vber daz mer A   3921 Erenin A, Prennen B   3925 muoste H.   3926 swern A   3927 behielte H.   3928 ein A *fehlt* B

3930 noch ir ze wîbe phlæge.
   Daz tet ich, wan ez muoste sîn.
   dô gab er nâch dem willen mîn
   mir die reinen guoten,
   die edlen hôchgemuoten,
3935 und wol geborner vrowen zwô.
   ein schif hiez ich bereiten dô
   mit grôzer rîcheit ûf daz mer.
   er hiez mit mir ein michel her
   werder ritter kêren hein.
3940 dô wart ich des mit râte enein
   daz ich die jungen künigîn
   in einem schiffe lieze sîn
   bî der engelischen schar
   die ich von lande brâhte dar,
3945 und daz ich mit dem andern her
   ze lande füere über mer.
   ditz geschach durch mînen eit.
   ich vorhte daz diu sicherheit
   die ich durch mîne vrowen bôt
3950 mîn herze twunge ûf solhe nôt
   daz ich mit jâmer müeste leben,
   mir selben senden kumber geben
   mit jâmer durch der vrowen lîp;
   wan sî niht solte sîn mîn wîp
3955 ê daz ich ritter wurde erkant.
   dô vorht ich daz der minne bant
   den eit an mir verkêrte
   und mich mit sorgen lêrte
   sendez leit von liebe hân.

3931 ez A, dz B   3939 heim A, wyder haim B   3940 in ein A, ain B
3942 aime B, minem AH.   3943 engellschen B   3946 fûrte B   3950
tugen B   3951 mit B *fehlt* A   3952 M. selber kummer mùste g. B
3954 wollte B   3956 vorhte H.   3957.3958 verkeren : leren B   3959
Senendez AH.

3960 durch die vorhte muost ergân
von mir, von ir, uns beiden,
ûf dem mer daz scheiden.
　　Dô kêrt ich mit der vrowen guot
ûf des wilden wâges fluot.
3965 wir schieden mit dem lîbe.
mînes wânes wîbe
liez ich daz herze und ouch den muot.
ich nam von der vrowen guot
muot, herz unde sinne
3970 mit herzeclîcher minne,
die sî mit manigem kusse mir
bôt mit jâmer und ich ir.
sî nam ein vingerlîn von mir,
daz ander nam ouch ich von ir.
3975 daz trage ich noch an mîner hant.
ez hât mich dicke sît ermant
mit jæmerclîcher herzenôt
der süezen reinen diu mirz bôt.
dô wir ze lande solten varn,
3980 dô begān sich zuo mir scharn
ungemüete und hôhez leit.
jâmer, nôt und arbeit
diu sint mir stæte bî gewesen.
ich bin von jâmer ungenesen,
3985 wan ich daz grœste ungemach
daz vor mir ieman geschach
muoste dulden unde spehen,
dô ich ze rehte solde sehen
mit jâmer an uns beiden

3960 muoste H.　　3961 V. m. vnnd von vnns b. B　　3963 *Kein Absatz* B; kêrte H.; fröde g. B　　3969. 3970 *umgestellt* B　　3969 hertze AH.　　3976 sider B　　3979 varen AB　　3980 begund B; scharen A　　3986 immer g. B　　3988 söllte B　　3989.3990 *umgestellt* B

3990 vil riuweclîchez scheiden
und lieber vriunde grôze nôt,
die ich lîden sach den tôt.
 Ditz geschach als ich iu sage.
 ûf dem mer an einem tage
3995 wurden starke winde grôz.
mîn schif an ein gebirge vlôz,
daz in vil grôzer wilde schein.
uns warf der wint an einen stein,
daz unser schif ze stucken brast.
4000 ich sach daz manic werder gast
bî mir ûf dem mere versanc.
mîn here alsô gar ertranc
daz ein man dâ niht genas
der mit mir dar komen was.
4005 dô mîn schif sich gar zerlie,
eine barken ich gevie,
diu truoc mich hinz an daz lant.
dannoch was mir unbekant
war mîn vil liebiu vrowe kam.
4010 manigiu lant ich für mich nam
und suochte in manigen rîchen
die werden minneclîchen,
daz mir von rehter wârheit
nie von ir niht wart geseit.
4015 des wirt vil schiere, daz ist wâr,
mêr danne vierdehalbez jâr
daz ich die guoten suoche
und in vil kleiner ruoche
hâte lant, krône unde lîp
4020 durch daz vil minneclîche wîp

3990 riwiklichez A, tzwinges B   3995 wunder g. B   3997 erschein
[er *getilgt*] A, schin B, erschein H.   3999 stücken H.   4001 mere A
fehlt B, mer H.   4002 heȓ B, her AH.   4007 vntz BH.   4015 schir A
4016 vierdhalb B   4017.4018 sûchte : tûchte B   4019 Hette lang B

diu mir ze kumber wart geborn,
durch die ich nû hân verlorn
lîp, lant unde guot,
herzevreude, hôhen muot.
4025 Die hân ich nû hie funden.
mich hât gar überwunden
sendes herzenjâmers klage,
die ich verborgen nâch ir trage.
der was ê vil, ir ist nû mê;
4030 mir ist nû vil wirs dan ê.
mich vreut ê trôstes wân:
den muoz ich nû leider lân.
ûf lieben wân was mir ê wol:
daz ich den nû lâzen sol,
4035 dâ von ist mir nû wirs dan ê.
ach owê und immer wê!
wie sol der sorgen werden rât
die nû mîn sendez herze hât?
owê wie wunderlîche got
4040 an mir sîn wunderlich gebot
mit wunder hât gezeiget!
sîn wunder hât geneiget
sô dicke mînes herzen sin,
nû hin nû her, nû her nû hin.
4045 er kan ein wunderær wol sîn.
daz ist an mir wol worden schîn.
daz ich die guoten ie verlôs
die ich ze herzenlieb erkôs,
des hât er mich ergetzet

4021 Die AB   4022 nv A *fehlt* B   4027 Senendez AH.   4028 nauch
jr B, nahen A   4029 nv ist ir me AH.   4030 vil A, wol B   4031 Min
fröd ain trostlicher wann B; vreute H.   4033 e A *fehlt* B   4036 owe A,
we B; we B, me AH.   4038 Die nun B, div A, die H.   4041 ertzaiget B
4044 *zweites* nv her A *fehlt* B   4045 wndrer A   4047.4048 verlor: er-
koȓ B   4048 hertze lieb B, herzenliebe H.

4050	und wider ûf gesetzet
	in hôher sorge dan ieman
	der ie herzenlieb gewan.
	ich hân gewunnen und verlorn,
	von liebe herzeleit erkorn.
4055	Mîn verlusticlich gewin
	ist anders niht wan daz ich bin
	komen daz ich schowen mac
	mîner sælden ôstertac.
	daz ist mir ein vil rîcher funt
4060	daz ich sî noch weiz gesunt.
	doch weiz ich wol, ich muoz mîn leben
	durch mîne werden vrowen geben,
	wan ich sî nû verliesen sol.
	von der jæmerclîchen dol
4065	muoz ich an vreuden sterben,
	in klagender nôt verderben.
	Ach owê gesêrter lîp!
	sol ich daz minneclîche wîp
	nimmer umbe vâhen,
4070	sô muoz mir kumber nâhen
	und herzeleit mit jâmers kraft.
	wie tiur ich danne die ritterschaft
	in knehtes namen gekoufet hân!
	wær niht diu sicherheit getân,
4075	sô wær ich bî der vrowen mîn
	mit süezer trûtschaft gesîn
	immer sît und immer mê.
	nû tuot mînem herzen wê
	daz ich nû scheiden sol von ir

4051 höher A; sorg A, sorgen B; den B, danne H.   4055 M. verlust ich g. B   4059 richer B, grozer AH.   4061 Doch AB, daz H.   4063 verlieren B   4067 we B   4068 minneklich AB   4069 Niemer AH. 4072 tiure H.; denē B, dan H.; die A *fehlt* B   4073 name A   4075 wære H.   4076 trovt schaft A, ritterschafft B

4080	und ir vil süezer lîp von mir,
	wan iuwer sun sî haben sol.
	dem ist von herzenliebe wol,
	dâ mir von herzenleide muoz
	werden aller vreuden buoz.
4085	Sus ist gescheiden unser leben.
	im ist mîn herzelieb gegeben.
	ze lône ist mir für lieb bereit
	von herzenliebe herzenleit.
	dâ von sâhent ir mich weinen
4090	und mîne klage erscheinen.
	daz wahset hinnen für an mir.
	ich muoz mit klegelîcher gir
	weinen mînes herzen klage,
	die ich von herzenlieb trage.
4095	ditz ist als ich iu hân geseit.
	ich hân die rehten wârheit
	iu geseit und mînen sin,
	mînen namen und wer ich bin.
	waz sol ich fürbaz sprechen mê?
4100	swaz iu behage, daz ergê.
	ich muoz nâch iuwerm willen wesen.
	ich trûwe leider niht genesen.
	sol ich nû hie mîn ende hân,
	daz wolte got ez müez ergân
4105	swie ir, lieber herre mîn,
	gebieten welt. sô muoz ez sîn.
	ich wart ûf arebeit geborn,
	diu hât mir sicherheit gesworn.
	dâ von mag ich es wenden niht.
4110	swaz mir ze lîdenne geschiht,

4085 *Kein Absatz* B; Wz ist B   4087 fur A, vil B   4089 sach er B
4091 wähset H.   4093 W. in m. B   4094 herzenliebe H.   4102 trôwe
A, trüwe B   4104 wöllt B, welle H.; ez A, dass B; müss B, müeze H.
4106 gebietent A; ez A, ich BH.   4110 liden B

daz geschiht mir durch ein wîp,
durch den sæligisten lîp
dem got ze lebenne ie gebôt.
dester minner riuwet mich diu nôt
4115 diu mir von ir hie ist beschert.
ich hân den lîp durch sî verzert.›
    Zuo dem bruoder sprach ich dô:
‹süezer man, ez ist alsô
als ir mir jehent in dirre vrist?›
4120 ‹jâ, herre mîn, sô helf mir Krist.
waz töhte mir ob ich iu lüge,
mich selben alsô hôhe trüge?
wolt ich iu anders iht verjehen
wan des mir ouch ist geschehen,
4125 sô lüge ich unde trüge mich.
daz wær mir gar unlobelich.
durch waz trüg ich uns beide
ze liebe oder ze leide?
ez muoz doch wie got wil ergân.
4130 iuwer sun der sol et hân
herzenlieb, ich herzensêr.
daz ist geschehen. waz welt ir mêr?
ich bin arm, er ist rîche.›
    ‹gehabent iuch vrœlîche,
4135 herre mîn, sint niht unvrô.
sît ez got hât gefüeget sô
daz er an iu erzeigen wil
mit wunder sîner krefte vil,

4112 sälliklichsten B 4114 dester A, Vester B, deste H.; div A, min B 4115 hie uon ir B 4118 ist ez H. 4119 an der f. B 4121 tohte A, tüchte B; mich B 4121.4122 luge : trvge AB, *vgl. z. B.* 927, 928 4122 M. selber ich also h. t. B 4123 Wöllt B; iv A *fehlt* B 4125 luge B, lvg A; trvge AB 4126 vnbillich B 4129 Müss es doch B; swie AH., *vgl. z. B.* 3861 4134 Gehabt B 4137 an A *fehlt* B 4138 Mit sonnder s. B

sô sult ir niht unvreude phlegen;
4140 ir sult iuch klagender nôt bewegen.
swaz got wil, daz muoz geschehen.
daz wunder lât uns an iu spehen;
daz frumt iu sunder werren.›
alsus trôst ich den herren
4145 der mit jâmer hôhen pîn
truog in dem herzen sîn.
   Ich sprach: ‹herre, beitent hie,
biz daz ich kome.› von dan ich gie
und hiez gewinnen von der stat
4150 knappen, schrôter, die ich bat
dem herren snîden guotiu kleit,
diu wol mit küniges werdekeit
einem künige tohten.
sô sî baldest mohten,
4155 hiez ich sî bereiten daz.
dô was ir gâhen niht ze laz.
sî bereiten im zehant
wol gesniten, guot gewant,
als ich es niht wolte enbern.
4160 ich hiez im twahen unde schern,
in niuwoz leben zieren wol.
swaz kleider man bedurfen sol,
diu hiez ich im bereiten sâ.
ich reit von dan und liez in dâ
4165 in der kemenâten sîn.
vor dem lieben herren mîn
erbeizt ich vreudenrîche.
ich sprach vil heimlîche:
‹vernemt ein wênic, herre, mir.›

4139 solt AB, *vgl. z. B.* 3840   4140 solt A, söllt B   4142 vns A *fehlt* B   4143 Dz ietzo v̆ch s. w. B   4148 kume H.   4149 Vnd A, Ich B   4150 schrötter B   4153.4154 töhten : möhten H.   4154 baldist AH.   4160 zwachen B   4167 Erbait B, erbeizte H.

4170	‹gerne. sage, waz wirret dir?›
	‹lât iu daz grœste wunder sagen
	daz ie geschach in disen tagen,
	daz got alhie an disem zil
	mit wunder an mir üeben wil.›
4175	Mîn herre tet sich zuo mir dô
	über den tisch. er sprach alsô:
	‹sag an, waz wil dû sagen mir?
	waz wunders wil geschehen dir?›
	ich sprach: ‹lieber herre mîn,
4180	lât dester müezeclîcher sîn
	daz ezzen und daz sitzen hie,
	wan ich nû einen gast enphie,
	der mit iu noch enbîzen sol.
	der bedarf genâden wol,
4185	der kam niuwelîchen her.›
	‹lieber Gêrhart, wer ist der?›
	‹ein gast, den hât mir got gesant.
	künic Willehalm von Engellant
	ist iezunt hie.› ‹ist daz dîn spot?›
4190	‹nein ez, herre, sammir got.›
	‹von wannen ist er komen her,
	sô dir got, oder wâ ist er?›
	‹dort, man snîdet im gewant.›
	‹wer kam mit im in ditz lant?›
4195	‹niemen, er ist eine hie.
	in einem kotzen vor iu gie
	ein unberâten bilgerîn.
	der stuont hie für die vrowen mîn
	und weinde sî mit jâmer an.
4200	dô ich daz sach, ich fuort in dan

4170 wz wennd jr B   4172 daz A *fehlt* B   4174 ieben B, ovgen AH.
4177 Sage AH.; an B *fehlt* AH.   4178 geschen A   4180 deste H.   4189
daz A, es B   4192 od H.   4194 kom AH.; dz B   4195 ainig komen
hie B   4197 pilgerim A, pilgerîn H.   4200 gesach B; fuorte H.

und vrâgte in wer er wære.
mir seite der wallære
rehte wie er was genant
und wie ez umb in was gewant.
4205 Wie im diu vrowe gegeben wart,
swaz ich erfuor ûf der vart
von im in rehter wârheit,
daz hât er selbe mir geseit.
sît got nû sîne güete
4210 mit sô grôzer diemüete
an uns mit wunder tuot erkant,
daz er in hât her gesant
alsô wunderlîchen mir,
sô ger ich, herre, an iuch daz ir
4215 mich lêrent guoten rât dar zuo,
daz ich an im alsô getuo
daz ich der gotes güete
mit sælde an im behüete.›
‹wie dû wilt, sô râte ich dir.›
4220 ‹herre mîn, sô helfet mir
daz mîn sun die künigîn,
die lieben gemahel sîn
die er ze wîbe nie gewan,
lâze güetlîch irem man.
4225 er tuot lîht als die jungen.
im ist sô wol gelungen
daz er des laster wolte hân,
solt er die küniginne lân.
nû râtent im und sagent im daz,
4230 im gezeme verre baz

4207 im AB, ir H. 4208 selb A, selbe her B 4215 leremd B, lernent A 4218 seld A, sällden B 4219 swie AH. 4220 so A *fehlt* B 4222 gemächlen B 4224 güttlichen B, güetlîche H.; jrm B, ir H. 4226 belungen B 4227 dez A, dass B; wöllte B 4229 Dass raut ich jme vnnd sagt jm dz B

ein wîp, die er ze rehte neme
dan diu ze rehte im niht gezeme.›
Dô sprach mîn herre: ‹daz tuon ich.
got hât sæliclîchen dich
4235 an hôhen sælden gêret.
dîn munt die lêre lêret
die des heiligen geistes rât
mit witzen dich gelêret hât.
nû brinc mir dînen sun alher!
4240 lâ mich versuochen daz ob er
uns welle volgen beiden,
swenn ich im hân bescheiden
die rehten lêr der gotes ê.›
dô sûmde ich mich aldâ niht mê,
4245 nâch mînem sun ich balde reit.
ich fuorte in mit werdekeit
für daz gestüele durch die schar.
für mînen lieben herren dar
erbeizten wir, mîn sun und ich.
4250 zuo uns beiden tet er sich.
ich sprach: ‹herre, sprechent an.›
‹niht, sprich dû. dîn munt wol kan
nâch dînem willen sprechen baz
dan ich. swenn ich gehœre waz
4255 sîn antwurte wesen sol,
dar nâch kan ich gesprechen wol.
lâ ditz gespræche balde ergân,
wan ich wol gesehen hân
daz die jungen wolten
4260 vil gerne daz sî solten
durch den rinc pungieren hie.

4234 haut B, hat so AH.   4235 geeret A   4240 besůchen B   4242
in A   4243 ler A, ere B, lêre H.   4247 Dvrch d. g. fur d. s. A   4254 g.
dz wz B   4255 antwürte H.   4260 gern AB   4261 pvgieren A

　　　　　ich sihe wol, des blanget sie.›
　　　　　Dô sprach ich: ‹sun, vil lieber man,
　　　　　disiu rede hœrt dich an.›
4265　‹wie, vater mîn?› ‹daz sage ich dir.
　　　　　ich wil dich bitten daz dû mir
　　　　　niht verzîhest hie swes ich
　　　　　von rehtem herzen bitte dich.›
　　　　　‹vater mîn, ez ist gezalt
4270　über mich dîn gewalt.
　　　　　swaz dû gebiutest, vater mîn,
　　　　　daz sol nâch dînen hulden sîn.›
　　　　　‹des lône dir durch sîn gebot,
　　　　　lieber sun, der hœhste got
4275　mit süezem lône ân endes zil.
　　　　　vernim wes ich dich bitten wil.
　　　　　dû weist wol, sun, in dirre vrist
　　　　　waz wunders uns geschehen ist,
　　　　　wie ich gar von untrôste
4280　mîne vrowen lôste
　　　　　mit unser beider guote
　　　　　und ich nâch dînem muote
　　　　　dir grôzer sælden urhap
　　　　　an mîner lieben vrowen gap.
4285　möhtest dû die ze rehte hân
　　　　　(des leider nû niht mac ergân),
　　　　　des wolt ich immer wesen vrô.
　　　　　nû hât ez sich gefüeget sô
　　　　　daz ir man ist wider komen
4290　dem sî mit unreht ist genomen.
　　　　　dem was sî gegeben ê
　　　　　ze rehter ê. swie ez ergê,

4262 belanget AH.　　4265 daz A *fehlt* B　　4268 bitten AB　　4276 Hierumb wes B　　4281.4282 *umgestellt* B　　4283 Dir A, Durch B　　4286 nicht A *fehlt* B　　4287 wolte H.　　4290 unrehte H.　　4291 gelobet B　　4292 wie B

sô hât in got her gesant
uns ze trôste in ditz lant,
4295 daz wir mit güete in disen tagen
sîne hulde hie bejagen.
 Lieber sun, daz lâ geschehen,
sît unser schepher uns lât spehen
sîniu wunder manicvalt,
4300 und er uns füeget den gewalt
des uns von im genüegen sol,
daz wir nû übel oder wol
an disem herren mügen tuon.
wir haben dester grœzern ruon,
4305 wellen wir genâde an im begân,
sît wir es nû gewalt hân.
wær uns der gewalt verseit,
sô wær ein ringiu arebeit
daz wir im danne tæten wol.
4310 swer mit gewalte leben sol,
der sol sîn diemüete
mit diemüetlîcher güete.
sô hœhet in diu hœhste hant
der daz hœhen ist benant.
4315 nû stât uns lobelîche,
sît wir gewalticlîche
hân des rîchen küniges lîp,
daz wir im sîn êlich wîp
unbetwungen lâzen wider
4320 und neigen diemüetlîchen nider
hôchverteclich gemüete
in diemüetlîcher güete.

4294 t. vnnd jnn d. l. B 4296 hie B *fehlt* AH. 4300 vnder vns
A, Vnnd der B 4302 vnnd wol B 4303 mvgen AH., mugent B
4304 deste H. 4305 Wölltent B, wellnt H. 4307 wære H. 4308 wære
H.; raine B 4312 dennütlicher B, diemvtiklicher A, diemuotlîcher H.
4321 Hoh vertiklich A, Hochfertteklîche B

sô hœhet uns diu gotes hant,
sô er ze rihter wirt gesant
4325 an dem urteillîchen tage
nâch der prophêten wîser sage.›
　Mîn herre sprach an dem zil:
‹vernim waz ich dir sagen wil,
Gêrhart, durch den willen mîn.
4330 lâ ditz mit guotem willen sîn,
wan ez ist daz gotes gebot.
dô al der welde schepher got
geschuof nâch sînem werde
engel, himel und erde,
4335 und von Lucifers hôchvart
der zehende kôr vervellet wart
von sîner ebenmâze nider,
dô wolte in got besetzen wider
mit menschlîchem künne.
4340 in des paradîses wünne
wart Âdâm von im gesant.
dem nam got mit sîner hant
ein rippe und hiez ez sîn ein wîp.
er sprach: «diu beidiu sîn ein lîp,
4345 zwên geiste; ein leben ein lîp
sî dirre man und ouch ditz wîp,
und elliu diu mit rehter ê
hinnen für und immer mê
zesamne werden gesant
4350 nâch reiner ê. den sî ditz bant
mit êlîcher stætekeit
âne wandel an geleit.»

4323 die höhste h. B 4325 vrtaille B 4326 p. wyssage B 4332
alder A, aller B 4339 manlichem B 4341 von im A, jn B 4343 ez]
iz AH., im B; sin A *fehlt* B 4344 sind B 4345 *fehlt* B; zwêne H.
4346 och dz B, ditze AH. 4347 alle B 4348 hinnan fur AH., Hinna-
hin B 4350 band *aus* land *korr.* B, lant A

>
> dar nâch über manige zît
> lêrten uns die lêrer sît,
> 4355 des heiligen geistes rât
> dar an alsus geschriben stât.
> Ez spricht der vil wîse bote,
> swaz gefüeget sî von gote,
> daz scheide niht des menschen rât.
> 4360 swaz gotes rât gefüeget hât,
> daz ist in sînen hulden wol,
> dâ von ez niemen scheiden sol.
> wie mac gescheiden unser rât
> swaz got vor uns gefüeget hât?
> 4365 hier an solt dû gedenken
> und gote niht entwenken
> daz dû im ungehôrsam sîst.
> swie dû hie niht wider gîst
> daz got vor dir gegeben hât,
> 4370 sô über gâst dû disen rât
> gotes und der wîssagen.
> waz wil dû an dem suontagen
> danne sprechen, sô got kumt
> und elliu dinc ze rehte drumt,
> 4375 und sîn urteil an dich ist komen?
> er sprichet: «dû hâst mir genomen
> mîner stæten worte bant.
> dô dir mîn bote wart gesant,
> dû næm im daz ich im gap,
> 4380 berhaftes lebens stap,
> dâ mit er, als ich wolte,

4354 Lert v. die lere s. B 4356 alsust A, allsunst B 4357 sprichet H.; vil A *fehlt* B 4361–4364 *fehlen* A 4362 schenden B 4363 Wie nauch geschehen B 4365 Her an B 4367 sigist B 4368 Wie B 4372 dem jungsten tagen B 4374 z. nihte d. H. 4375 vrthaille B, urteile H.; ist an dich AH. 4376 benommen B 4379 nämpt B, næme H. 4380 lebenness BH. 4381 mite H.; als ich A, sich B

mir wider geben solte
mit ieglîcher bernder gnuht
menschlîcher blüete fruht.
4385 dô dir von mir wart kunt getân
dû möhtest niht ze rehte hân
daz mînes boten solte sîn,
dô smâhtst dû den boten mîn.
des müezest dû verteilet sîn.»
4390 ditz nim in die sinne dîn.
Gêrhart, junger süezer man,
nû gedenk wol dar an
und lâ die vrowen varn durch got.
über hœrst dû sîn gebot,
4395 sô muost dû immer sîn verlorn
und dulden grôzen gotes zorn.
lâ dirre vrowen werden lîp.
sî ist des küniges êlich wîp.
dâ von maht dû sî niht genemen,
4400 ir ê mac dir niht wol gezemen.
sît got den künic in ditz lant
hât an sô rehter zît gesant,
sô hât er wunders dran gedâht,
wan er iuch hât ze helfe brâht
4405 dem herren und der vrouwen.
sô lât ouch an iu schouwen
daz iu mit sælden ist bereit
getriuwes herzen stætekeit.
des bitt ich iuch beide
4410 durch got ân underscheide.»
zuo mînem herren und zuo mir

4385 k.w. B 4386 mochtest AB 4388 smehst dv A, machtu B, smæhtest dû H. 4389 must B 4390 Byss in die sünde din B 4392 gedenke H. 4396 grozen A *fehlt* B 4397 Lauss der w.f.l. B 4402 an so A, also B 4408 Gott üwerss h.s. B 4409 bite H. 4411.4412 *umgestellt* B

sprach mîn sun: ‹wes muotent ir?
sol ich mîne vrowen lân?›
‹jâ, wil dû gotes hulde hân.›
4415 ‹mac mir diu anders werden niht?›
‹benamen nein. die wîl man siht
dich ir mit unrehte phlegen,
sô verret dir der gotes segen,
wan sî ein ander man sol hân,
4420 dem dû sî solt ze rehte lân.›
‹Owê des rehtes und owê!
nû muoz ich klagen immer mê
daz got ist alsô wunderlich,
daz er des rehtes gert an mich
4425 daz ich sol eine vrowen lân,
von der ich sælde und êre hân.
owê der klegelîchen nôt
daz mir mîn herze ie gebôt
von der lieben vrowen mîn
4430 in alsô rîchen vreuden sîn,
und ich die nû lâzen muoz!
des wirt mir nimmer mêre buoz
herzeclîcher leide.
swenn ich nû von ir scheide,
4435 sô muoz ich liebes mich begeben
und immer mê mit leide leben.›
ich sprach: ‹sun, gehab dich wol.
niemen sich untrœsten sol.
ob dir diu vrowe wære
4440 niht liep und gar unmære,
waz liezest dû dan umbe Krist?
sô daz dinc ie lieber ist,
sô der lôn ie grœzer wirt,

4416 B. n. byss man dich s. B   4417 Dich A *fehlt* B   4419 andern A
4428 mir A *fehlt* B; heȓ B   4437 svn nv AH.; gehabe H.   4441 den AB

dâ man des lônes niht verbirt.
4445 durch daz solt dû liebe lân,
wilt dû lôn nâch lîbe hân.
ie nâch des herzen muote
lônet got der guote.
wil dû durch in daz liebe geben,
4450 er gît dir herzenliebez leben.›
Mîn sun mit schœnen zühten sprach:
‹vater mîn, ditz ungemach
wil ich tragen durch dîn gebot;
durch mînen herren und durch got
4455 wil ich die vrowen lâzen vrî.
swie wê mir immer nâch ir sî,
sî hab ir man. daz sî geschehen.
wol hin und lât mich in gesehen
der mîne vrowen haben sol.
4460 durch got gan ich im ir wol.›
des vreute sich mîn herze dô.
mîn herre was mit mir sô vrô
daz wir begunden beide
von lieb und ouch von leide
4465 mit mînem sune weinen dâ.
von dannen kêrten wir dô sâ
hin an den selben stunden
dâ wir den künic funden.
dem was mit vlîze wol bereit
4470 vil edel kleider. an geleit
was im mit wirde sîn gewant.
vil wol ich in bekleidet vant
von samît unde baldekîn,

4446 liebe BH. 4450 hertzeliches B 4457 habe H.; irn B; si AB, ist H. 4460 ich jr jnne wol B 4463 begvnnen A 4464 liebe H. 4469 Dem wz vlysseliche one laid B 4470 klaide angelait B, chleit vnd an geleit AH. 4471 würde B, wirden AH. 4473 vnd AH., vnnd uon B; baldichein A, belldekain B

von zobel und von hermîn,
4475 mit tiuren berlen wol durchslagen.
ich hiez im dar nâher tragen
einen borten, den er truoc.
von seit geschüehe guot genuoc
truoc der tugentrîche man.
4480 vor sîner brust schône bran
ein durchliuhtic rubîn,
der gab mit rîcheit liehten schîn.
Ouch was mit hovelîchen siten
sîn hâr geslihtet und gesniten,
4485 daz hâte schône sich geleit
wîz, val, mit krumbe reit
wider ûf daz houbet sîn.
getempert schône liehten schîn
gab sîn antlütze minneclich,
4490 wan daz er ê sô lange sich
muost genieten arebeit;
dô muost im sîn ein teil bereit
bî liehter schœne ein bleicher schîn
an dem antlütze sîn.
4495 er was sô manlîch gestalt,
wurde ich tûsent jâr alt,
ich möhte nimmer mêre
nâch des wunsches lêre
sô gar geschowen einen man.
4500 dô er truoc rîchiu kleider an,
ohteiz, wie minneclich er was!
wie gar der sælden spiegelglas
an schœne truoc sîn schœniu jugent!

4476 darnauch her B   4478 seidē A; gv̊t A *fehlt* B   4479 Braucht B
4480 Von B; sinen brvsten AH.   4486 krvmber A, krüme B,   krümbe
H.   4487.4488 *umgestellt* B   4491 Mv̊ste AH.   4492 Do B, da *aus*
daz *korr.* A, des H.; muoste H.   4495 Waz er AH.; manlîche H.   4499
schowen B   4502 gar B, got A

	mit süezer hovelîcher tugent
4505	was er an zühten volkomen.
	er hât in sînen muot genomen
	der welt prîs mit rîcher zuht.
	nâch wunsche gar der sælden fruht
	was an sînen lîp geleit.
4510	diu zuht der hœhsten werdekeit
	in sînem reinem muote lac.
	vil hôher tugent sîn herz phlac.
	dar an was er unbetrogen,
	milte, kiusche, wolgezogen,
4515	küene, wârhaft, hôchgemuot,
	gewære, getriuwe unde guot,
	wolgespræche unde wîs.
	alsô hôhen mannes prîs
	hâte got an in geleit
4520	mit des lîbes klârheit.
	der sælden wunsch was an im gar.
	des wart ich wol an im gewar,
	dô ich des tugentrîchen man
	bezzer künde sît gewan.
4525	dô in mîn lieber sun gesach,
	mit zühten zuo dem herren er sprach:
	‹got und dem herzen mîn
	sult ir willekomen sîn,
	herre mîn, her in ditz lant.›
4530	des genâdet im zehant
	der herre zühterîche
	mit zühten hovelîche.
	nû hâte ich niht vergezzen,

4506 hett B, hâte H.; mund B   4507 welde H.   4511 rainen B
4512 hertze BH.   4513 *Absatz* B   4515 werhaft AH., *vgl. z. B. Tristan,*
5030   4518 hohez A   4524 Bekunde s. g. B   4526 er zv̊ dem h. A, er
ze dem h. H.   4527 gote H.   4528 sölt A, Sonnd B, *vgl. z. B.* 3840
4530 genaudete jm B, genadet er im A, gnâdete er im H.

dô man êrst was gesezzen.
4535 ich hiez die truhsæzen
daz sî des niht vergæzen
sî dienten müezeclîchen dar.
ouch bat ich die werden schar
mit zühten sitzen, beiten mîn.
4540 daz lobten sî. dô muost ez sîn
biz ditz allez was bereit,
herre, als ich iu hân geseit.
Den künic ich dâ niht lenger liez,
ein phert ich im bereiten biez,
4545 daz reit er mit uns beiden dan.
der edel reine werde man
zwischen uns mit vreuden reit
vrœlîch âne herzenleit.
nû nam sî michel wunder
4550 alhie gar besunder,
wer wære dirre werde man.
er wart vil gekaphet an
von rittern und von vrouwen,
die gerne wolten schouwen
4555 wer der ritter möhte sîn.
ich fuort in für den herren mîn,
vor dem erbeizten wir aldâ.
zuo mînem herren sprach ich sâ:
‹herre, sitzent hôher baz,
4560 mit urlob gebiute ich daz,
lât disen ritter sitzen dar.›
des nam mîn herre guot war.
er ruhte ein wênic hôher baz.
der stolze gast dô niht vergaz,

4534 êrste H. 4540 muoste H. 4543 dô H. 4547 vns peiden
m. A 4548 vrœlîche H. 4550 Alss hie B 4556 fuorte H. 4559.4563
hôher B 4560 urloube H.; ich bütte B 4561 herren B 4562 guote H.
4564 da A

4565 er wolte zuo ir ûf die banc,
über daz gestüele er spranc.
mîn vrowe blûclîchen sprach,
dô sî in bî ir sitzen sach:
‹nû sag mir, liebez väterlîn,
4570 wer dirre ritter müge sîn.›
‹vrowe, ist er iu unbekant?
ez ist der künic von Engellant,
iuwer herzenlieber man.›
diu vrowe weinen dô began.
4575 ‹Ach, süezer vater mîn, durch got,
wâ gediente ich disen spot?
daz sage, wenne oder wie?
dû engetæte mir noch nie
sô rehte leide alse nû.
4580 reiner lîp, wes spottest dû
der vil armen tohter dîn?
durch got, nû lâ dîn spotten sîn.›
‹vrowe mîn, sô helf mir got,
mir ist ernst sunder spot.›
4585 dô sach sî den ellenden man
mit weinenden ougen an.
dô weinde er mit ir sâ zehant.
er sprach: ‹bin ich dir niht erkant,
sô sich an ditz vingerlîn,
4590 herzenlieb des herzen mîn,
daz ich hie trage an mîner hant.
vrowe, dû solt sîn gemant
wie ich nû jungist schiet von dir.
ditz vingerlîn dû gæbe mir

4565 div A, den B   4566 Für B; er do s. AH.   4567 williche s. B
4569 sage H.   4570 d. junge r. B   4571 nit bekant B   4574 do A
fehlt B   4580 waz H.   4584 ernest H.   4589.4590 zweimal A   4589
ditze AH.   4590 hertze lib A, Hertze liebe B, herzeliep H.   4592 ge-
nannt B   4593 i. zù letst s. B

4595	mit sender klage, als dû weist.
	ein vingerlîn daz dû dâ treist,
	vrowe mîn, daz gab ich dir
	und bat ez tragen dich von mir,
	daz dû dâ bî gedæhtest mîn
4600	und dû geruochtest stæte sîn
	mit herzeclîcher lieb an mir.
	daz lobtest dû. dô schieden wir
	dâ von ein ander beide
	mit klagendem herzenleide.›
4605	Diu vrowe sach mit jâmer dar
	dicke und dicke und nam sîn war,
	ob er ez wære oder niht.
	dô began sich ir gesiht
	cundewieren under in.
4610	er sach her und sî hin.
	sî nam von im und er von ir
	mit jâmer herzeliebes gir,
	mit stæter liebe stætekeit.
	stæte liebe sunder leit
4615	in stæteclîchem sinne
	brâht in diu stæte minne
	diu sî mit stæten kreften bant.
	dô mîner vrowen wart erkant
	ir sendes herzen herzentrût,
4620	sî sprach von vreuden überlût:
	‹ach sô wol mich, sælic wîp!
	herzenliebes süezer lîp,
	wis willekomen tûsentstunt!›
	nâch dem gruoze wart ir kunt
4625	von lieb ein jâmer alsô grôz

4595 sonnder B 4596 v. als dv AH.; da A *fehlt* B 4598 dich A *fehlt* B 4599 dächtest B 4601 liebe H. 4608 D. begonnde i.g. B 4609 Sunde wieren B, Chvndebirn A 4619 sennden B, senendez AH. 4622 Hertzliebess B, herzenliebez H. 4624 ir A, mier B 4625 liebe H.

daz sî ûf ir mannes schôz
sich neigte und unversunnen lac.
von vreuden sî sô sêre erschrac
daz sî niht hôrte noch ensach
4630 noch niht verstuont noch niht sprach
wan als der in troume lît,
und im nâch den gedanken gît
der wân der sinne hôhen rât,
mit dem er wachend umbe gât.
4635 Alsus geschach der vrowen guot.
niht anders was ir sin, ir muot
wan daz sî denken began:
‹ach herzenlieb, ach süezer man,
ey lieber trôst, nû trœste mich!
4640 ey liebez trût, lâ schowen dich!›
daz was ir troum und ir gedanc
der sî ze grôzer liebe twanc.
der überfluz, der liebe fruht
diu mit hôher genuht,
4645 mit sô grôzer vreude blüete,
bluote in ir hôchgemüete,
dô sî ir herzlieb gesach,
dem sî sô hôher liebe jach
daz ir ze grôzer herzenôt
4650 ir herzliebez lieb gebôt.
die mâze ir ungelîche wac
diu natûre diu ir phlac.
sî hât sô grôz leit erkorn,

4627 versinnen B 4629 noch nit sprach B 4630 N. sy u. noch nit
ennsach B; nit sp̄ch [sp̄ch *auf Rasur*] A, niht ensprach H. 4633 sinnē
hohē A, sine söllchñ B 4634 wachennde BH.; vmb A, v̈ber B 4636
sinne B 4639.4640 Ey A, Du B 4639 liber A, süsser B 4640 trovt
A *fehlt* B 4641 Disss B 4645 so A *fehlt* B 4646 Blüte B, bluot H.
4647 herzeliep H. 4648 grozer AH. 4650 herzeliebez H. 4651 Div A
4653 haut B, hate AH.; groze AB

dô sî hâte ir lieb verlorn,
4655 daz sî von leide kûme dô
lebte. sît wart sî vrô,
daz ir von liebe geswant,
dô sî ir lieb des herzen vant.
sus kan diu liebe jâmers phlegen
4660 diu mit unmâze wirt gewegen,
swâ mit ze grôzer liebe stât
ein herzenlieb, des liebe ergât
ze alsô grôzer vreuden kraft
daz der jâmer sigehaft
4665 wirt mit ze grôzen vreuden gar,
swâ lieb liebes wirt gewar,
daz ê mit vrömde was verirt
und danne wider funden wirt.
 Der künic nam die künigîn,
4670 die lieben vriundinne sîn,
an sînen arm. er druht an sich
mit süezem küssen minneclich
den süezen lîp, daz reine wîp.
er sprach: ‹herzeclîcher lîp
4675 und mîner sælden sunnen schîn,
nû trœste an mir daz herze mîn,
sô daz dû wol gehabest dich.
ich enmac niht trœsten mich,
wil dû mit ungemüete leben.
4680 dû solt mir und dir selben geben
vreude sunder widerstrît.
dîn leit mir ungemüete gît,
dîn vreude vreut mir mînen muot,
dîn leit mir gar unsanfte tuot.

4656 seit A, sy B 4663 fröde B 4666 *fehlt* B 4670 liebe BA
4671 druhte H. 4672 kusse B 4678 ge tröstenn B 4683 fröwt och
min vngemût B 4684 vnsenfft B

4685	gehab dich wol und sich an mich.
	dîn lieber vriunt der grüezet dich
	mit minneclîcher minne.›
	ir mündel und ir kinne
	druhte er an sînen munt,
4690	er kuste ir munt wol tûsentstunt
	mit süezem umbevange.
	an sînem munde lange
	ir rôter munt vil nâhen lac.
	mit minne er des kusses phlac.
4695	daz muoste sîn von jâmer gar.
	er kust et dar und aber dar,
	er suochte vreude und trôst an sî.
	sînem herzen nâhen bî
	lag ir vil minneclîcher trôst,
4700	wan sî wær immer unerlôst
	von herzensender swære,
	ob er ir vrömde wære.
	Sus brâht er daz ir was genomen.
	ir vreude was ir wider komen
4705	an ir herzenlieben man.
	dô sî ze rehte sich versan
	und ûf ir sinne wider kam,
	sîne klage sî vernam,
	sîn bete kam ir in den sin,
4710	sî sach ûf und sach an in.
	ir rôter munt ûz jâmer sprach:
	‹ach mînes slâfes, owê ach!
	slief ich oder wie was mir
	dô ich, herzelieb, von dir
4715	gescheiden was? wie was mir dô?

4685 Gehabt B, gehabe H.   4686 D. lieb der B   4688 Ir wänglin B
4690 tusenstunt A   4694 minnen B   4696 kuste H.   4697 troste
vnnd fröde B   4703 brâhte H.

mîn klagendiu nôt tet mich unvrô.
owê trût, wâ was dîn lîp,
daz dû mich vreudenlôsez wîp
sô lang in klegelîchen siten
4720 in klagender swære hâst vermiten?›
ir jâmer sendiu reht begie,
mit armen sî in umbe vie,
sî druht in nâhen an ir brust.
ir weinen klagte die verlust
4725 die sî mit klegelîchen siten
von im sô lange hât erliten.
ir rôselohter rôter munt
lachte durch den vreudenfunt
der ir mit vreuden wart erkant,
4730 dô sî ir lieb des herzen vant.
sus kunde ir minneclîcher schîn
weinen und in vreuden sîn.
Sî begunden beide weinen.
von zwein lîben einen
4735 kund in diu liebe machen:
mit lieplîchen sachen
wurden beide lîp ein lîp,
ein wîp ein man, ein man ein wîp,
ein sin ein muot, ein einic ein,
4740 ein lîp ein lieb, ein herze an zwein,
ein minne und ein geselleschaft.
ein stætekeit an lieber kraft
wart an den lieben beiden
ein und ungescheiden,
4745 ir lîp sîn lîp, ir muot sîn muot,
sîn lieb ir lieb, sîn guot ir guot.

4716 klagennde BA   4719 lange H.   4723 druhte H.   4726 hett B, hâte H.; erbiten A, gelitten B   4727 röselicher B   4737 beidiv AH.   4744 ein A, Ain ding B, eine H.

ir herze truoc des helden lîp,
sîn herze daz vil reine wîp.
lachte er, des was sî vrô;
4750 was er mit klage, sî tet alsô;
kust er sî, sî kuste in.
alsus begunde sich ir sin
parlieren an in beiden,
lieben sunder leiden.
4755 an stæter liebe ân argen wanc
began sich stæten ir gedanc
an stæteclîcher liebe grôz.
ietwederz an sich nâhen slôz
daz ander mit den armen.
4760 ir jâmer muost erbarmen
vil manigen lîp, der dâ wol sach
ir vreude diu under in geschach.
In was diu wîl niht ze lanc:
süezer druc, senfter umbevanc,
4765 lieplich kus, süez angesiht.
under in was anders niht
wan ‹küsse, küsse und küsse mich,
küsse, lieb, ich küsse dich.
sô wol des herzenliebes mich
4770 daz ich, lieb, hân funden dich.
herzenlieb, sô wol mich dîn!
dû bist ein lieb des herzen mîn.
geêret sî der süeze Krist
in des namen komen ist
4775 mir dîn sældenrîcher lîp;

4747 heldez AH.   4750 er B, si AH.; si B, er AH.   4751 Sy kust
er kust sy inn B; kust] kuste H.   4752 kunde B   4753 parrieren H.;
vnnder jnn b. B   4754 Lieb B   4757 stättlicher B   4760 I. m. der
j. e. B; muoste H.   4761 manigem libe AH., mengen lib B   4762
undr H.; in da [da *auf Rasur*] g. A   4763 wîle H.   4764 S. rod senfft
ṽbefang B   4769.4770 *fehlen* B   4772 Nun bistu lieb B   4774 bist B

geêret sî daz reine wîp
von der dîn lîp mir wart geborn.
owê lieb, ich was verlorn,
dô dû mich verlür an dir.
4780 dîn verlust diu schein an mir,
ich verlôs dô dû verlür.
swaz dû ie schaden an mir kür,
der was mit dir gemeine mîn.
dû mîn, ich dîn, ich wil dîn sîn.›
4785 ietwederz zartlîchen bôt
dem andern dar daz mündel rôt.
dem wart ein süezer kus getân,
daz muoste vriuntlîch ergân.
sîn wengel an ir wengel lac
4790 gedrücket nâhen. ir minne wac
von rôtem munt an rôten munt
kus gegen kusse tûsentstunt.

Von wârheit ich daz sprechen muoz
daz ein minneclîcher gruoz
4795 von zwein lieben nie geschach.
ich weiz wol daz nieman gesach
sô senelich geselleschaft,
sô jæmerlîcher vreuden kraft,
sô ganze liebe an güete,
4800 noch sô güetlich gemüete,
noch alsô stæte triuwe.
mir ist der jâmer niuwe,
swenn ich in daz herze mîn
nim ir sendes herzen pîn,
4805 den gruoz, die minne und ouch daz heil

4777 mir A *fehlt* B 4782 schaden ie AH. 4783 g. mir B 4784 Nun min ich dich von hertzen gir̄ B 4786 D. a. sin mündlin r. B 4788 friuntlîche H. 4789 wange an jr wange B 4790 nahe BH. 4791 *erstes* munt] munde H. 4800 Nauch güttlichem g. B 4801 truw B, triwe trīwe A 4803 Wenn B, swenne H. 4804 senendez AH.

in dem sî dar nâch wurden geil.
ir vreude bin ich immer vrô.
der gruoz niht langer werte dô,
ê daz die edlen ritter gar
4810 kâmen für den tisch aldar
den gruoz, den jâmer schouwen
des herren und der vrouwen.
dô weinde manic stolzer lîp.
dâ was weder man noch wîp
4815 alsô gemüetlîch gemuot,
ez müeste durch die vrowen guot
und durch den herren weinen,
mit ir jâmer scheinen
und durch ir vreude in vreuden leben,
4820 ir vreude phliht an vreuden geben.
   Die edlen sendenære
fuogten sende swære
mit jâmer senden smerzen
manigem senenden herzen,
4825 daz nâch liebe sende sich.
ir senen was sô minneclich
daz maniges herzen senendiu suht
von jâmer dulte vreuden fluht
durch ir zweier senden gruoz.
4830 von senenne sich senen muoz
swer von sender stætekeit
sende süeze swære treit.
ir senen im senen brâhte,
swer senelîch gedâhte

4808 do B, also AH. 4810 Kamund B, komen AH. 4813 rainer B
4814 deweder AH. 4815 gemûttig B, gemüetlîche H. 4818 jâmer
jâmer H.; erschainen B 4822 senende AH. 4823 senendem A, senenden H. 4828–5105 *fehlen* A 4828 dulden B 4829 zway B 4830
Von senne B 4833 brächte B 4834 sennlich B, senelîche H.; gedächte B

4835 an daz lieb des herzen sîn:
dem gab ir senen senden pîn.
ir sender gruoz vil nâhen dranc
in manigen senden gedanc,
der sich nâch liebe sente.
4840 ir senen minne wente.
von sender minnen sender pîn
tet an sumlîchen triuwe schîn.
der herzeliebes liebe jach
und ir zweier triuwe sach,
4845 der nam in sînen gedanc
den minneclîchen umbevanc,
den süezen kus, den senften druc,
der lieben minne snellen vluc
diu mit sender liebe grôz
4850 in ir beider herze schôz.
ir jâmer und ir minne
enzunde manige sinne,
die sêre muosten brinnen
nâch liebe in senden sinnen,
4855 die von minne wâren wunt.
ir verlust und vreudenfunt
weinde manic werder lîp,
hübsche ritter, stolziu wîp
und ander manic werder man.
4860 daz ich daz guot ie gewan
dâ von diu minne solte ergân,
des muoz ich immer vreude hân.
für wâr ich iu daz sagen wil,
müest ich zwelfstunt als vil

4835 dass hertze B   4837 nauche B, nâhe H.   4838 senenden H.
4840 sene B   4841 minne H.   4842 In samenlichen trüwen schin B;
riuwe H.   4848 flucht B   4852 Evnns vnnde mängen sinnen, *vgl. z. B.
Tristan,* 1314   4858 Hofflich B, hovelîche H., *vgl. z . B.* 3542   4864
müeste H.

4865	goldes unde silbers hân,
	und hæt ich ez durch sî gelân,
	ich wolt ez nimmer mê erklagen.
	ich wil es mînem schepher sagen
	gnâde, lob und êre
4870	mit vreuden immer mêre,
	daz mir diu wirde ie geschach
	die ich von mînem guote sach,
	sô minneclîcher minne kraft,
	sô lieplîche geselleschaft
4875	an den gelieben beiden
	die dâ vor wâren gescheiden,
	unz got die güete an mir begie
	daz ich zesamne brâhte sie
	mit mîn selbes guote.
4880	nû was mit hôhem muote
	diu werde ritterschaft bereit
	ûf den buhurt. sunder leit
	wart uns ûf des tages zil
	kurzewîl erhaben vil.
4885	Man mohte dâ wol schouwen
	von rittern und von vrouwen
	maniger hande vreude ganz.
	dâ was buhurt unde tanz
	mit hôhem muote gar den tac.
4890	swes ieman erdenken mac
	ze rehten vreuden, diu was hie.
	für mîn hêrschaft ich dô gie,
	den künic und ouch die künigîn,

4866 hæte H.   4867 wöllt B, wolte H.; mê *fehlt* BH.; verklagen H.
4873 minneklich B   4876 wârn H.   4877 Vnnd g. B   4878 zesamen
B, zesamene H.   4879 güte B   4880 gemüte B   4884 Kurtzwill B,
kurzewîle H.   *nach* 4884 Wer och nun will mergken [n. spil m. H.]
wil Da was mäng ritterliches spil BH.; *s. Einleitung, S.* IX–X   4890
Wes B, swaz H.

und für den lieben herren mîn.
4895 zuo dem künige sprach ich dô:
‹sît ez sich hât gefüeget sô,
herre mîn, daz iuwer eit
hât gegeben sicherheit
daz ir bî iuwer knehtes zît
4900 mîner vrowen vrömde sît,
sô ger ich, lieber herre mîn,
daz ir geruochet bî mir sîn,
biz daz ir geleitet swert
und daz ir werdent hie gewert
4905 êlîches vriundes minne
von der süezen küniginne.›
‹gerne, vater. daz tuon ich.
got hât sô sæliclîche dich
mit sælden an mir gêret,
4910 swaz dîn munt mich lêret,
daz sol nâch dînem willen sîn,
wan dû, vil lieber herre mîn,
mich senden ungesunden
von leide hâst enbunden.›
4915   Nû êrte an mir mîn herre sich.
ich gihe des niht daz er durch mich
bî mir geruochte leiten swert.
daz ich der bete ie wart gewert,
daz fuogte mir diu minne
4920 der werden küniginne
diu in ûf hôhe minne twanc.
ich wær ein teil dar zuo ze kranc
daz der künic von Engellant
bî mir ze ritter wurde erkant,

4899 ir uch by k. BH., *vgl. z. B.* 4702   4904 hie werdennt B   4908 schnellklich B   4913 vngepunden B   4914 liebe B   4916 Gib des nit B   4922 wære H.

4925	wan daz got und der vrowen gir
	die grôzen sælde fuogten mir.
	der tac gienc mit vreuden hin.
	dô diu naht ir trüeben schîn
	über al die welt gespreite,
4930	dar nâch vil gereite
	des andern tages lieht erschein.
	dô wart diu ritterschaft enein
	daz man ze messe gienge,
	dâ der künic enphienge
4935	ritters namen und ritterschaft.
	mit zwivalter vreuden kraft
	der tac dem êrern tage galt
	mit ritters vreuden manicvalt
	die vreude diu mit vreude alhie
4940	an dem êrern tage ergie.
	der tac vil vreuden wart gewert,
	dô der künic leite swert
	der herre in knehtes namen kam
	und ritters namen alhie genam.
4945	Dô nâch ritterlîcher art
	mîn lieber herre ritter wart
	und der buhurt wart gelân,
	dô man solte sitzen gân,
	dô wart von uns niht mê gebiten:
4950	mîn lieber sun und ich dô riten
	für mînen herren dâ er saz.
	ich sprach: ⟨herre, sît nû daz
	gefüeget hât der süeze Krist
	daz der tac hiut iuwer ist
4955	(diu hôchzît was gester mîn),

4926 fügen B 4927 gienge B; *s. Junk, S. 449 ff., Zwierzina, S. 437 ff.*
4932 dô *fehlt* B 4936 tzwyfachenn B 4937.4940 eren B, erren H.,
vgl. z. B. 3686 4937 tage] tag BH. 4939 diu] do B 4943 her H.
4944 gewan B 4949 von *fehlt* B 4956 sind B

sô bitten alle die hie sîn
daz sî bî iu belîben hie.
des sult ir mit mir bitten sie,
unz iuwer brûtlouf zergê.›
4960 mîn herre sûmde sich niht mê,
er reit mit mir ûf den hof.
mîn herre der erzbischof
der bete in dô gewerte.
an swen er fürbaz gerte,
4965 der lobtez durch uns sâ zehant.
vil manic stolzer wîgant
gelobte uns die hôchzît
ze leisten âne widerstrît.
des wurden wir von herzen vrô.
4970 an daz gestüele sâzen dô
ritter und dar zuo vrouwen,
die wunder liezen schouwen
an dem künige ir werdekeit
mit grôzen vreuden sunder leit.
4975 dem süezen muotes vesten
und ouch den lieben gesten
wart hie geboten als wol
daz ich ez immer gedienen sol
umb alle die lantherren mîn.
4980 sî tâten mînem herren schîn
ir zuht, ir rîche hübscheit
mit zühteclîchen vreuden breit,
als er ir herre wære.
swaz vreude was gebære,
4985 daz wart mit ritterlîchen siten
disen tac dâ niht vermiten.

4960 sumpte B 4964 An üwer er B 4971 dar zů B *fehlt* H. 4973 würdekait B, wirdekeit H. 4978 es BH.; dienen H. 4981 richen B; hoffehait B, höveschait H., *vgl. z. B.* 2164, 2411 4982 berait B 4986 D. raut da mit v. B

                der dûht niemen dâ ze lanc,
                ez wære ein man den minne twanc,
                des herzen minne nâhen lac,
4990   der eines wîbes herzen phlac,
                diu mit herzeliebe grôz
                sîn herze ir herzen nâhen slôz.
                ouch sagte mir vrou Minne
                daz mit gelîchem sinne
4995   mit jâmer in ir herzen vaht
                ein wîp nâch der næhsten naht,
                niht durch wîplîchen site.
                wâ von sî ir kûme bite,
                daz hât vrou Minne mir geseit
5000   von ir kluogen wîpheit.
                der liebe kraft, der minne bant
                ir wîplich herze über want,
                daz sî nâch liebe was versent.
                ir man der jâmers was gewent,
5005   des herze lag ir herzen bî.
                daz senen sîn daz twang ouch sî
                daz sî sich sende nâch der naht
                mit senelîches herzen maht.
                    Wer mohten disiu beidiu sîn
5010   diu für den liehten sunnenschîn
                die naht sô gerne wolten hân?
                waz hât in der tac getân
                der al der welde vreude gît
                mit wünneclîcher sumerzît?
5015   dô jach mir des vrou Minne
                daz ez diu küniginne
                und ouch der künic wol mohten sîn.

4987 dungkt B, dûhte H. 4989.4992 nahe BH. 4992 Ain h. jr
hertze n. s. B 4997 wipliche B 5005 jrem h. nahe by B 5009 dise
baide B 5012 Das B 5013 aller B 5014 wunlicher B, wünnelîcher H.

ir klagendiu nôt, ir sender pîn
wart an der kunft der naht gespart,
5020 dô ir klage verendet wart.
der tac mit vreuden sich zerlie.
dô ez an den âbent gie,
dem künige was gebettet wol,
vlîziclîche als ez sol
5025 gebettet einem künige sîn.
dô brâht man im die küniges,
sîn lieb nâch dem sîn herze bran.
swaz er leides ie gewan,
des hât in got ergetzet wol,
5030 ob man die wârheit sprechen sol.
dô ich ze liebe brâhte
lieb, als ich gedâhte,
ich schiet von dan und was vil vrô.
guoter naht wunscht ich in dô,
5035 der got an in gewerte mich.
ir naht was alsô minneclich
daz in nie dâ vor wære baz.
wer möhte widerreden daz?
  Niemen ez versprechen kan.
5040 swer ie guote naht gewan,
der muoz in jehen guoter naht.
ir jâmers naht hât wol bedaht
ein vreude bernder sældentac.
lieb an liebes armen lac
5045 geslozzen nâch wunsch an ir brust.
minne phlegen was ir gelust
und jâmer von dem herzen jagen.
als ez dar nâch begunde tagen,
er gab ir minneclîche

5029 haut B, hâte H. 5030 Ob B, sô H. 5037 dâ vor nie H.;
wære *fehlt* B 5045 nâhen H.; wunsch B *fehlt* H.

5050	ein morgengâbe rîche:
	herze, lîp, sin unde muot,
	hêrschaft, lant, liut unde guot,
	vriuntlîcher liebe kraft,
	an minne immer geselleschaft,
5055	an liebe liebe stæte,
	an triuwen guot geræte
	und âne valsches herzen wanc
	lieber stætekeit gedanc.
	niht über lange zît dar nâch
5060	der sunnen was gên hœhe gâch,
	ez lûhte ir wünneclîcher schîn.
	dô kâmen juncvröwelîn,
	schœne, klâr nâch wunsche gar,
	in die kemenâten dar.
5065	die buten beiden dar ir kleit.
	dô sî wâren an geleit,
	sî hôrten maniger gloggen klanc.
	wir fuorten sî dâ man messe gesanc.
	Dô daz ambet was getân,
5070	swaz von vreuden mac ergân,
	daz geschach aldâ vil gar.
	ûf daz gestüele wider dar
	diu ritterschaft volkomen was,
	dâ man die varnden liute las,
5075	die herren al gelîche.
	mit werder gâbe rîche
	enphienc daz volc dâ gâbe vil.
	nâch des imbîzes zil
	dô nâmen gar mit vreuden siten
5080	die ritter urlob unde riten.

5051 sinnen B   5054 immer B *fehlt* H.   5055 An l. s. B   5056 gewätte B   5061 Ess lüchten jrn B   5062 d.k. ir j. H.   5068 fuortens dâ H.   5071 alss da B   5074 Do B; varende B

wir fuoren mit der werden schar
für die stat mit vreuden gar
unde dankten in der vart.
mînes herren wort wart ungespart:
5085 er lobte gar der ritterschaft,
swer under in mit überkraft
müeste rûmen sîn lant,
kæme im der, er wær zehant
behalten vridelîche,
5090 ob in got in sîn rîche
hin wider heim ze lande
gesunt mit vreuden sande.
des wurden gar die ritter vrô.
sî sagten im genâde dô
5095 unde buten dem herren guot
an dienste immer stæten muot,
mit triuwe ganze stætekeit
an stæteclîcher arbeit.
  Dô ditz allez sus ergie
5100 und diu hôchzît sich zerlie
und alle geste gar zerriten,
in sô lieplîchen siten
sach ich sô gar mit vreuden in,
den künic und ouch die künigin,
5105 daz ich mir selben liebes jach,
swenn ich sî beidiu an sach
sô gar mit herzenliebe leben.
ir lieplich site muoste geben
den liuten holdez herze an in
5110 unde hôhes muotes gewin.
mîn herre alsam ein sælic man

5085 der] die B   5088 Keine in der er vor ze hannd B   5098 stätt-
licher B, stæticher H.   5104 kungin B, *vgl.* 161; *s. Junk, S. 475ff.*,
Zwierzina, S. 437ff.   5106 Wenn B, swenne H.; an AB *fehlt* H.   5110
gemütess B

	den liuten lieben began
	die sîne tugende sâhen,
	als im die besten jâhen.
5115	der edel tugentrîche
	nam mich vil heimlîche
	und mînen sun an einem tage.
	er sprach zuo mir als ich iu sage:
	‹herzenlieber vater mîn,
5120	sît got die grôzen gnâde sîn
	mit dir begangen hât an mir
	und er mit mir daz fuogte dir
	daz dîner sælden stætekeit
	ze himel hôhe krône treit,
5125	sô volle dîne güete an mir,
	die got hât gegeben dir,
	und gib mir dînen rât hie zuo
	wie ich lebe und wie ich tuo.
	Dû weist wol gar wie ez mir stât,
5130	wie sich mîn dinc gefüeget hât
	von dînen rîchen sælden grôz,
	der ich gên got an dir genôz,
	daz mir mîn vreude und mîn lîp
	wider wart und ouch mîn wîp,
5135	die ich ê verlorn hâte.
	nû stât an dînem râte
	ob ich sol immer wider komen.
	ich hân von wârheit vernomen,
	sich habent sumelîche
5140	von mînem künicrîche
	wider mir gesetzet. sich,
	swaz ir dar über lêrent mich,

5115 edele H.; tugenden r. A, tugende r. H.   5116 vil A *fehlt* B
5117 einen A, aime BH.   5124 himele H.; werde k. B   5125 vollend B
5129 Nv waist wol wie B   5132 gote H.   5133 vnnd och m. l. B   5136
dim B   5141 mich BH.

vater unde bruoder mîn,
des tuon ich iu volge schîn.
5145 mîn lant mit ungerihte stât;
mîn vrömde ez entrihtet hât;
von mînenthalben niemen wert,
swie sêre man daz rîche hert.
ein teil der lantherren mîn
5150 wellent selbe künige sîn
und hânt sich underwunden dâ
der veste ein teil und anderswâ
vil des rîches urborn.
sî hânt selbe sich erkorn.
5155 ob ich niht kume in kurzen tagen.
ouch hôrt ich von wârheit sagen
der beste teil der herren sî
mir mit stæten triuwen bî.›
Ich sprach: ‹vil lieber herre,
5160 sît iu diu vrömde werre,
sô suln wir hie niht beiten.
ich heiz uns wol bereiten
ein schif, daz solhe rîcheit treit
daz wir wol mit werdekeit
5165 an guote und ouch an êren
ze lande mügen kêren,
daz wir es ninder laster hân.
hab iu dan iemen iht getân,
gegen dem ir bedurfet wer,
5170 wir soldieren über mer
vil manigen edlen ritter guot.›

5146 fründe B 5148 man an dz B 5150 die w. selb chvnig A, Wöllend selber herren B, die w. selbe küneg H. 5151 habent AH. 5152 uesten B 5153 erbarn B 5154 selb A, selber B 5156 hôrte H. 5157 daz b. H. 5160 Sid B, sei A; were B, verre AH. 5161 söln A, söllen B 5162 hiez AB, heize H. 5166 mvgen AH., mugend B 5168 habe H. 5170 soldnieren A, soldenieren H. 5171 *fehlt* B

dô wart der herre hôchgemuot
herzevreuden rîche.
er sprach gezogenlîche:
5175 ‹lieber vater, süezer man,
sô wol ich niht gedanken kan
dîner grôzen güete dir,
daz sô genædeclîchen mir
dîn helfe und ouch dîn wîser rât
5180 geholfen und gerâten hât.
got geb dir des lônes kraft,
der mit wernder meisterschaft
immer stæte ân ende stât.
got durch sîner tugende rât
5185 gewer an solher sælde mich
daz ich gediene umbe dich
daz dû mir liebes hâst getân.
gæb ich dir allez daz ich hân,
ich möht ez niht gedienen doch
5190 âne gotes lôn dannoch.›
Wir schieden von dem râte dô
(mîn herre was des râtes vrô)
und seiten gar der künigîn.
dô hiez ich tragen an den Rîn
5195 kleider unde spîse vil.
dar nâch in vil kurzem zil
was uns mit grôzer rîcheit,
als ich gebôt, ein schif bereit
mit guotem gewæte.
5200 spîse und geræte,
kulter, teppich, bette genuoc
man an daz schif vil rîche truoc.

nach 5172 Er dangket sinem vatter gůt B   5178 sô daz H.   5179 wyser B, sᵛzer A, süezer H.   5181 gebe H.   5182 bernder A, wunder B   5187 Dez A   5189 möhte H.   5191 *Kein Absatz* B   5201 Chulter A, Gullter B

dô wir bereiten uns zem wege,
ich gab in mîner vriunde phlege
5205 mîn guot und ouch mîn liebez wîp.
got ergab ich mînen lîp
des tages dô wir solten varn.
dô bat ich uns vil wol bewarn
mit gebetes volleiste.
5210 von dem heiligen geiste
bat ich durch guot gelingen
uns ein messe singen.
die hôrten wir mit vreuden dâ.
dar nâch dô wir enbizzen sâ,
5215 dô kâmen dar durch jâmers zil
hôchgemuoter vrowen vil
und segenten mîne vrouwen.
ir ougen liezen schouwen
wîplich urlob, weinen grôz.
5220 manigen liehten schîn begôz
daz scheiden daz aldâ geschach,
als ir wîplich triuwe jach.
Dô sî urlob genâmen,
mîne vriunde kâmen
5225 und riten mit uns für die stat.
mit einem munt heiles bat
weinende vil manic lîp,
beidiu man unde wîp,
dem künic und ouch der künigîn.
5230 dô wir kâmen an den Rîn,
man sach dâ michel weinen.
mîn wîp begunde erscheinen
daz ir sô leide nie geschach

5203 Da A; vnns b. B   5205 m. selbes wib B   5206 gote H.
5211 gott B   5212 eine H.   5214 do A *fehlt* B   5215.5230 chomen
AH.   5217 gesegetten B   5226 munde H.   5229 küng B, künege H.

als dô sî von ir scheiden sach
5235 daz sældenrîchste wîp
der got ie geschuof den lîp.
mîn vrowe diu küniginne
half ir mit klagendem sinne
weinen daz sî schieden sich.
5240 ir juncvrowen minneclich
kunde ouch jâmers niht beviln.
sî weinden sêr nâch ir gespiln,
als ir wîplich triuwe riet.
ich weiz wol, dô mîn vrowe schiet
5245 hin von ir vater gesiht,
daz sî sô vil geweinde niht,
des ir gebærde mir sît swuor,
als dô sî von hinnen fuor.
die vrowen under kusten sich.
5250 mîn sun, mîn herre und ouch ich
nâmen urlob ûf die vart.
mit jâmer uns gegeben wart
urlob von den vriunden mîn
ûf die vart. daz muost et sîn.
5255 Sus kêrten wir von unserm her
ze tal den Rîn und über mer
in daz rîch ze Engellant.
schiere wurden wir gesant
in ein wazzer, daz was grôz.
5260 daz vliuzet noch als ez dô vlôz
ze tal für Lunders durch daz lant.
daz ist diu Lundenne genant.

5234 So do sy schaiden v. ir s. B 5235 sällde richste B, seldenriche
A, sælden rîcheste H. 5237 div A *fehlt* B 5239 schaiden B 5242
wainte BH. 5245 vor A; vatters B 5247 gewerd A; seit A *fehlt* B
5253 von der frowen B 5254 muoste H. 5255 w. vnnd vnnser B
5256 vñ A *fehlt* B 5257 reiche A, rîche H. 5259 das wz B, daz ist
AH. 5260 do B *fehlt* A 5262 lundene AH.

dar in warf uns des wâges fluot.
vertic, tief und harte guot
5265 was im der fluz und ouch der sant.
ûf ze berge und in daz lant
warf uns der wint in eine habe.
von mînem herren kêrt ich abe
ze Lunders gên der houbtstat.
5270 den künic ich belîben bat,
unz ich diu mære erfüere aldâ.
mit mînen knappen reit ich sâ
hin in die stat diu mære spehen.
dô kunde ich nie über sehen
5275 vor der stat den plân, daz velt,
wan als manic rîch gezelt
sach ich ûf daz velt gesat.
ouch was beherbergt diu stat
sô gar daz ich vil kûme kam
5280 dâ ich herberge nam.
dâ was von gesten michel schal,
in den herbergen über al
was der schal und ouch der dôz
ûf den wîten strâzen grôz.
5285   Dô drang ich durch den gedranc.
dar nâch ergie dô niht ze lanc
ê daz ich einen wirt ersach,
der fuorte mich an guot gemach.
dô was mir vil harte gach,

5264 Berg t. B 5265 och wand B 5266 vnnd B, hintz A, unz H.;
dem B 5268 kêrte H. 5269 hept statt B, houbetstat H. 5271 Hvntz
A; da B 5272 minem knaben B; rait B, für AH. 5274 kvnd A, en-
kunde BH. 5276 rich A *fehlt* B 5277 gesazt A 5278 begert B 5280
herberg ge nam B 5286 ergieng B, gie AH. *nach* 5288 In sin herberg
sa ze hannd Dz was [der w. H.] mir e wol erkannt Der schůff nauch
mines hertzen gier Minem knaben vnnd [minen knappen u. H.] och
mir BH. 5289 Gůt beliben gůt gemach BH., *vgl. z. B*. 1340, 3622

5290 zuo dem wirte ich dô sprach:
‹lieber mîn herre wirt, nû saget,
waz hât die geste her verjaget
die ich nû hân gesehen hie?
ist hie ein turnei oder wie?
5295 ein hof oder ein ritterschaft?
hie lît von her ein michel kraft,
daz ir gevertes wundert mich.
durch waz hânt sî gesammet sich?›
‹daz sage ich iu, herre mîn.
5300 hie sol ein gespræche sîn
durch des landes hœhste nôt.
der künic Willehalm ist tôt
unde daz lant unberiht.
swaz ungerihtes hie geschiht,
5305 daz rihtet leider niemen.
funden die herren iemen,
der ez verrihten möhte
und uns ze herren töhte,
der wurde sâ von in erkorn,
5310 wær er in dar zuo geborn
daz er krône möhte hân;
dem wurden sî gern undertân.
  Sus lâgen sî nû lange hie,
daz sî mit ir râte nie
5315 niemen vinden kunden,
an dem sî rehte funden
rât und wîse lêre.
sî hânt zerworfen sêre
durch die kür al under in.
5320 daz wurd des landes ungewin,

5291 her AH.   5294 turnier B   5298 honnd B, habent AH.; gesamnet H.   5303 Vnd ist d. AH.   5304 gefertes B   5305.5306 nieman : ieman AB   5308 Vnns̄ herren düchte B   5310 wære H.   5313 nv A *fehlt* B   5320 würt B, wirt AH.

solt der rât alsus zergân.
nû hânt sî die kür gelân
an vier und zweinzic herren.
beginnent sich die werren,
5325 sô sitzent dem râte bî
erzbischove drî.
der ein ist hie von dirre stat.
zuo sîner volge sint gesat
von Eberwich, von Santâvît
5330 zwên bischof. âne strît
hânt sî der volge mêrern rât
diu an dirre kür nû stât.
die hânt an sich den rât genomen
und sint ûf den palas komen.›
5335 ‹ist daz wâr?› der wirt sprach: ‹jâ.›
dô hiez ich mîne knappen sâ
mîn phert bereiten. ich reit dan.
mîn wirt, ein vil getriuwer man,
geselleclîchen mit mir reit
5340 mit hovelîcher werdekeit
ze hove für den palas
dâ der rât ûffe was.
Swie ich niht wære ein rîcher man,
ich truoc sô rîchiu kleider an
5345 daz man mich doch für rîchen sach
und mir sô grôzer dinge jach,
der leider wênic an mir was.
dô gieng ich ûf den palas.
dâ wart ich enphangen wol.
5350 ez was dâ werder ritter vol,

5321 sol H. 5322 verlon B 5324 Begunden B 5326 ertz bischöffe A, Ertzbyschoff B 5327 hinnan von der s. B 5329 eberwige AH.; von AB, und H.; sendauit B 5330 zwêne H.; ertzbyschoff B, bischove H. 5331 merorn A, meren B, merren H. 5332 kŷr A *fehlt* B 5345 riche B 5349 Do B

die gruozten hovelîchen mich.
den neig ich gar. dô vrâget ich
daz sî mir sagten mære,
wâ diu hêrschaft wære
5355 die des râtes solten phlegen.
mich wîste manic stolzer degen
durch den palas dort hin für
an einer kemenâten tür.
dô bôzt ich. man lie mich in.
5360 ich gie an den rât dort hin.
die herren êrten an mir sich
und stuonden ûf und gruozten mich.
sî bâten mich daz ich sæze dar.
die vier und zweinzic vand ich gar
5365 die ich von der heidenschaft
enbant von grôzer leides kraft.
an die was der rât gelân.
sî enkunden sich des niht verstân
daz ich ez was der sî enbant:
5370 ich was in gar unbekant.
doch wart ich vil wol gewar
daz sî begunden merken gar
mit den ougen dick an mich.
ich was in unbekenlich.
5375 Ich sprach: dieben herren mîn,
ich weste gerne, möht ez sîn,
iuwern rât. daz lât geschehen,
daz ir geruochent mir verjehen
an welhem râte ir hie sît.
5380 ein tumber man vil dicke gît

5351 Die AB, sie H.; hoffelich B 5359 bozt A, klöpffet B, bôzte H.
5363 m. sitzen dar BH. 5366 von AB, und H. 5369 *fehlt* B 5373
dik an A, ducht B, dicke an H. 5374 vnbechenlich AB, unbekenne-
lich H. 5376 gern AB 5377 geschen AH. 5378 verjehn H. 5379
Von B

an einer nôt vil wîsen rât,
der lîhte sæliclîch ergât.
waz ob uns got der sælden gan,
swie ich doch sî ein tumber man,
5385 daz iu mîn rât ze helfe kumt
und iu vil lîhte an sælden frumt?›
dô sprach ir einer under in:
‹hæt iemen alsô wîsen sin
daz er gerâten möhte
5390 waz uns zem besten töhte,
dem wæren wir es vil bereit.
ein zwîvellich unstætekeit
ist uns in die sinne komen
und hât uns wîsen rât benomen.›
5395 ‹wie, herre mîn?› ‹daz lât iu sagen.
man sach hie vor krône tragen
einen rîchen herren wîs,
der wol behielt der welde prîs
mit grôzer wird manigen tac.
5400 dô der herre tôt gelac,
dô was von im ein sun geborn.
der hât in sînem muot erkorn
der welde lob in sîner jugent,
der was ein bluome ganzer tugent.
5405 An den hâte got geleit
den vlîz in sîner kintheit,
daz sîn kintlîcher prîs
bluote alsam ein blüendez rîs,
daz man siht in blüete stân.
5410 ez was ein zuoversihtic wân,
daz nâch des bluomen blüete

5382 sälleklichen B, sæleclîche H.   5385 hilffe B   5386 vil vil liht A
5387 ir A *fehlt* B   5388 hat A   5390 ze beste B   5393 den sin B
5396 sah hie vor hie k. AH.   5399 würd B, wirde H.   5402 hett B,
hâte H.; muote H.   5408 blûme r. B   5409 blüde A, blûste B

diu fruht der süezen güete
solte nâch wunschlîcher zuht
bringen nâch der blüete ir fruht.
5415 dô viel des liehten bluomen schîn.
daz diu fruht solde sîn
nâch der blüete zuoversiht,
daz was leider anders niht
wan weinen unde klagende nôt.
5420 des bluomen schîn, diu fruht ist tôt.
diu süeze kintlîche jugent,
diu reine wernde mannes tugent
in sîner blüete gar verswant.
er was Willehalm genant
5425 der unser krône solte tragen.
wie er verdarp daz lât iu sagen.
er fuorte ein wünneclîchez her
hinz Norwæge über mer
und nam des küniges tohter dâ.
5430 ich vernam nie anderswâ
sô rehte minneclîchen lîp.
dô er fuorte dan sîn wîp,
dô verdarp er ûf dem mer.
unser ein vil michel her
5435 bî der küniginne was
diu bî uns ûf dem mer genas.

Wir liten bî der vrowen mîn
von vancnüsse grôzen pîn,
biz daz uns ein vil guoter man
5440 mit sînem guote lôste dan.
der brâhte uns von der heidenschaft;

5414 Blügen n. B   5421.5422 *umgestellt* B   5422 berende B   5423.
5424 *umgestellt* B   5428 Hin ze BH.   5434 Vnnd vnnser B   5437 *Kein
Absatz* B   5439. 5440 Byss mit sinne gûte dan Kouffte ain vil gûtter
man B   5441 vnnss B *fehlt* A

mit grôzer diemüetlîcher kraft
lie er uns varn her wider hein.
der wart des mit uns enein
5445 er wolte die juncvrowen hân.
wurd uns von wârheit kunt getân
gesunt des juncherren lîp,
er wolde im wider lân sîn wîp.
der hât sî noch: der herre ist tôt.
5450 nû sîn wir durch des landes nôt
her durch einen herren komen,
sît uns got hât benomen
des wir mit arbeitlîchen siten
nû vil lange hân gebiten.
5455 swie wir doch haben wîsen rât,
unser rât doch niht vervât
daz wir iemen vinden,
des wir uns under winden,
der unsers landes krône trage
5460 und uns ze herren wol behage.
einer dunket uns niht guot,
der ist ze lîhtsenfte gemuot;
etlîcher ist ze karc;
genuoge dunkent uns niht starc
5465 an hêrschaft und an rîcheit;
sumlîchen ist verseit
geburt unde hôher muot:
alsus ist uns niemen guot.›
Dô der herre daz gesprach,
5470 die herren gar man weinen sach
die an dem râte sâzen,

5442 diem✝tiklicher A, denmiettlicher B, diemuotlîcher H. 5455 doch A, da B   5457 ieman AB   5459 laides B   5462 ze leihtsemfte gem✝t A, uil licht sennfte gemût B, ze lîhte semftegemuot H.   5463. 5464 krangk : strangk B   5466 Wunlichen B   5468 alsust A, Also B; nieman AB   5469 herre A *fehlt* B   5470 d. h. man do w. s. AH.

wan sî sîn nie vergâzen
von dem ich hie gesprochen hân.
dô disiu rede was getân,
5475 ich sprach: ‹vil lieben herren guot,
an einen herren hôchgemuot
kan ich iuch wol gewîsen,
des tugent muoz man prîsen
mit süezem prîs über alliu lant.
5480 mir ist sîn zuht sô wol erkant
daz er der krône wol gezimt,
ob man in hie ze herren nimt.›
ein fürste tugentrîche
sprâch dô gezogenlîche:
5485 ‹mit iuwern hulden muoten wir
daz ir uns sagent von wannen ir
komen sît her in ditz lant
oder wie ir sît genant.
lieber herre, sælic man,
5490 ir hânt iuch genomen an
einer grôzen rede guot.
swie iuwer sældenrîcher muot
die rede volbringen mac,
sô müeze geêret sîn der tac
5495 dar in ir wurdent geborn.
wirt uns von iu ein herre erkorn,
sô sît ir sæliclîche
komen in ditz rîche.›
Mînen namen nande ich dô
5500 den herren al gelîch alsô.
ich sprach: ‹ich kam her in ditz lant

5478 iugend B 5479 prîse übr H. 5482 hie A *fehlt* B 5483
tugendē furste rīche A, f. tugende r. H. 5484 si sprachen g. A
5487 heī B *fehlt* AH.; ditze AH. 5493 Die rede A, Sy B 5494 mūs B
5495 Dannen jr B 5498 ditze AH. 5500 algelîche H. 5501 kom
AH. 5503–5505 *fehlen* B

von über mer. ich bin genant
von Kölne Gêrhart, daz ist mîn name.
ich muoz daz sprechen sunder schame
5505 daz ich ein koufman bin genant.›
die herren sprungen ûf zehant,
sî kusten vrœlîchen mich,
sî sprâchen: ‹vater, sît got dich
uns ze herren hât gesant,
5510 sô sol diu krône und ouch ditz lant
gewalticlîchen wesen dîn:
dû solt unser herre sîn.
uns hât got wol an dir getân.›
dô wolt ich in gesaget hân
5515 durch waz ich in daz lant was komen;
dô wart diu rede mir benomen.
swaz ich sprach daz was enwiht,
sî hôrten mîner rede niht.
dâ was der schal von sange grôz.
5520 der herren einer ûf entslôz
vor den andern dâ die tür.
dô truogen sî mich dort hin für
mit vrœlîchem schalle.
die werden herren alle
5525 enphiengen mich vrœlîche.
sî truogen wirdeclîche
mich ûf den stuol mit vreuden dan.
herren, fürsten, dienestman
sazten des rîches krône
5530 mir ûf daz houbet schöne.
    Dô ich ze künige wart erkorn,
mir wolden hulde hân gesworn

5503 chöln A; deist m. H.   5509 ze A *fehlt* B   5510 och B *fehlt*
AH.   5515 diss l. B   5517 ain wücht B   5519 dô H.; lannde B
5521 dem B; dâ] ɤf *durchgestrichen,* da *am Rande* A *fehlt* B, dô H.;
div AH.

junge, alte, arme und rîche.
ich hiez sî al gelîche
5535 mich vernemen und gedagen.
ich sprach: ‹lât iu ein wênic sagen.›
der schal vil kûme dô gelac
des man aldâ mit vreuden phlac.
durch mîne hulde wart geswigen,
5540 mînen worten dâ genigen,
als ob ich wær ein hôher man.
eine stille ich dô gewan.
dô sprach ich zuo den fürsten guot:
‹der hôhen wirden süezen muot,
5545 des süezen guotes überguot,
des reinen willen reinen muot,
der überrîchen werdekeit
die ir hânt an mich geleit,
der kan ich iu niht alsô wol
5550 gedanken sô man danken sol
sô wirdeclîches guotes,
sô willeclîches muotes
des mir ist von iu getân.
mit rîcheit ich besezzen hân
5555 von iu ditz künicrîche hie.
daz ich gewan die rîcheit ie,
der genâden dank iu got
durch sîn götlich gebot,
wan er rîcher ist dan ich.
5560 der geruoche lônen iu für mich.
Süezen lieben herren mîn,
solt ich des landes künic sîn,
dar zuo wær ich ze kranc ein teil.

5534 alle AH. 5540 da A, vnnd B 5541 wære H. 5549 als AH.
5557 danke H. 5559 er B, der AH.; den A, wann B 5560 iv l. A
5562 Solich B

iedoch muoz ich daz grôze heil
5565 prîsen immer mêre.
nâch mîner sinne lêre
hân ich iu funden einen man,
dem ich vil baz der krône gan,
und nime daz ûf mînen eit
5570 und ûf die rehten kristenheit,
der ich gelouben jehen sol,
daz niemen alsô rehte wol
gezimt dem künicrîche.
niemen ich gelîche
5575 sîn tugentrîchez, werdez leben.
den ich iu wil ze herren geben.›
dô sprâchen sî al gelîche:
‹sît daz ditz künicrîche
den lieben herren hât verlorn
5580 der uns ze künige was erkorn,
sô behagt uns ân in niemen baz,
für wâr sult ir gelouben daz,
dan ir, vil lieber herre, tuot;
wan iuwer sælde und iuwer guot
5585 hât uns den lîp und ouch daz leben
mit gotes helfe wider geben.
wær uns diu rîcheit benant
daz wir iu gæben zehen lant,
wir möhten mit gemeiner phliht
5590 iu dannoch gar vergelten niht.›
Zuo den herren ich dô sprach:
‹swaz iu liebes ie geschach
von mir, des bin ich immer vrô.
ouch habt ir mir gelônet sô

5571 geloube B 5577 sprâchens H.; alle AH. 5581 behaget BH.;
an jm n. B, an n. AH. 5582 solt A, sonnd B; geloben A, gelöben B
5590 gar A *fehlt* B 5594 honnd B

5595	daz vor mînen zîten nie
	dekein mîn genôz enphie
	sô rîlîches lônes phant.
	ich hân nû krône und dâ zuo lant,
	daz ist mir worden undertân.
5600	daz sol ich gern wider lân
	dem herzenlieben herren mîn
	des ez sol ze rehte sîn,
	künic Willehalm der junge.›
	dô wart ein wandelunge
5605	an vrœlîchem muote dâ.
	diu schar begunde weinen sâ.
	‹der lebt doch leider ninder.
	owê, lebt er inder?
	nein er leider, er ist tôt!›
5610	sprâchen dô mit klagender nôt
	des landes fürsten über al.
	dô getrôste ich ir schal
	mit lieben mæren an der stunt.
	ich sprach: ‹sît vrô, er ist gesunt.
5615	ich lie in hiute morgen
	vrî vor allen sorgen,
	von den er ungesunt mac sîn.
	Êrêne diu künigîn,
	sîn vil sældenrîchez wîp,
5620	hât bî im gesunden lîp.›
	Dô weinden sî von vreuden gar.
	‹owê› sprach diu werde schar
	‹süezer lîp, wan wær daz wâr.›
	‹ich triuge iuch niht als umb ein hâr.
5625	sî sint gesunt, sô helf mir Krist.

5596 genoze AH.　　5597 richess B　　5598 nv A, üch B; da zv̊ A *fehlt* B　　5599 Dz mir ward v. B　　5600 gerne H.　　5612 geschall B　　5615 hütte an morgen B　　5618 herena A, Trene B　　5620 funden B　　5621 *Kein Absatz* B　　5623 wann B, vnd A

hie nâhen bî in nâher vrist
ein habe nâhen ist gelegen,
dar inne ich ir hân gephlegen.
ich lie sî âne herzenleit
5630 hiute, dô ich dannen reit
alher in dise stat von in.
nû machent iuch ûf mit mir dâ hin.
ich lâz iuch mînes herren lîp
und ouch sîn herzenliebez wîp
5635 gesunt mit vreuden schowen dâ.›
dô wart ein grôz gesturm sâ.
dô rief dirre und ouch der
dicke: ‹banier und ors her!›
die knappen balde liefen,
5640 dô die herren riefen,
ze den herbergen schiere,
dort sehse, hie viere.
sî brâhten den gehiuren
mit rîchen covertiuren
5645 ir ors verdaht hinz ûf den huof.
der ritter ieglîcher schuof
daz im wart brâht sîn bestez kleit.
ir bereitschaft was bereit
sô verric daz ir liehtez brehen
5650 man gerne möhte hân gesehen.
 Sus zogten wir vrœlîchen dan
mit manigem hôchgemuoten man
für die stat mit vreuden gar.
wir brâhten mit uns in der schar
5655 zwei tûsent ritter oder mê.

5626 næher v. A   5632 macht H.   5633 lâze H.   5636 da A; gestur B, gestürme H.   5637 Do růfft die B; Da A   5638 Rosss här rosss här B; panier AH.   5639 Die knaben luffennd B   5641 Ze herberge s. B   5643 Die B   5644 convertiuren A, auffentüren B   5645 vntz uff BH.   5649 verrich A, fry B, virric H.   5651 zugund B

nû hâte ich mînen boten ê
mînem herren dar gesant,
der im diu mære tæt erkant
wie ez allez was geschehen
5660 unde wie in wolten gesehen
mit vreudenrîchem schalle
des landes fürsten alle.
des vreute sich der herre mîn.
mit der vil schœnen künigîn
5665 zogte er gegen uns ûf die vart,
dô er unser innen wart.
dô er begunde nâhen,
die herren îlten gâhen
gegen mînem herren dort hin dan,
5670 daz reine wîp, den werden man
lieplîch schône grüezen.
mit lieben worten süezen
wart hie diu unmuoze
sô grôz von dem gruoze
5675 daz sî mit im und er mit in
von vreuden weinden den gewin
des sî got an im beriet.
er kuste die getriuwen diet.
der jâmer was von vreuden grôz.
5680 vil manige süeze brust begôz
der süeze, lieplich anevanc
der sî von vreuden jâmers twanc.
  Dô der gruoz dâ was getân,
wir kêrten wider ûf den plân
5685 mit vreudenrîcher vreude siten.
dô wir gên Lunders wider riten

5656 mine A   5658 tæte H.   5659 geschen AH.   5660 gesehn H.
5667 wir begundent B   5671 lieplîche H.   5681 lieplîche H.; empfang B, antvanc H.   5683 dô w. H.   5685 frölicher B   5686 da A; wart g.l.w. geriten AH.; luderss B

gên dem ûzern bürgetor,
dô funden wir bereit dâ vor
die burgære rîche,
5690 die enphiengen minneclîche
den künic und ouch die künigîn.
ir kleider gâben liehten schîn,
diu sî in vreuden truogen an.
den herren gruozten sîne man
5695 vil minneclîche und er sie.
wîp und man wâren hie
gastlîche gegen der ritterschaft.
wir riten mit zühteclîcher kraft
durch die stat ûf den hof.
5700 dô kam der erzbischof
mit phaflîchem ruome,
mit grôzem heiltuome,
und zwên sîne genôze,
erzbischove grôze;
5705 nâch den vil gar diu phafheit.
geistlîch was an geleit
mit phaflîchem gewande gar
gegen ir vil lieben herren dar
bischof unde äbte genuoc.
5710 daz heiltuom man gegen uns truoc.
dar nâch was vil grôz gedranc,
daz die liute und daz gesanc
gab einen alsô grôzen schal
daz der dôn vil wîte erhal.
5715   Dô wir sô grôzlîche
und ouch sô wünneclîche,
sô schöne enphangen wurden dâ,

5687 bvrge tor AB   5693–5758 *fehlen* A   5698 züchtlicher B, zuht-
lîcher H.   5701 tûme B   5703 zwêne H.   5706 geistlîche H.   5709
bischove H.   5714 wüt B   5715 grössliche BH.   5716 wunnlîche B

mîn herre wart gekrœnet sâ
und ouch diu küniginne guot.
5720 von den fürsten hôchgemuot
wart im hulde sâ gesworn.
dô hiez der künic wol geborn
die herren zuo herberge varn.
er wolte sîn gerihte sparn
5725 biz fruo an dem andern tac.
ûf dem hove nâhen lac
ein wünneclîcher palas.
dar ûf ze herberge was
diu künigîn und ir vrouwen.
5730 nû liezen sich hie schouwen
mit süezer minneclîcher schar
von der stat die herren gar,
mit solher rîcheit gegast
daz in nihtes gebrast
5735 an rîcher gastunge dort.
mit grôzer heimlîchkeit ir wort
buten sî der vrowen mîn.
sô muost ir bereit sîn
grôzer prêsente vil
5740 mit rîcher gâbe âne zil
von golde und gesteine,
edel, rîch und reine,
von den vrowen über al.
dô wart ein hovelîcher schal,
5745 dô die vrowen wolten
ze herberge als sî solten.
   Wie minneclîche suoze

5721 so B   5723 ze BH.   5723.5724 varen : sparen B   5725 den H.
5726 nahe BH.   5733 gestatt B   5736 Mit g. haimlicher w. B; mit
heimlîche ir w. H.   5737 Buttund der B   5738 muoste H.   5739
p̄sennte B   5740 gabennde zil B   5747. 5748 süsse : grüsse B

mit manigem süezen gruoze
parlierte sich diu liebe alhie
5750 von manigem munde, der enphie
die lieben edlen geste.
mit grôzer liebe veste
wart vrœlîch die naht vertriben.
die vrowen under in beliben
5755 gepînet wol mit schimpfe.
mit schimpflîchem gelimpfe
tâten sî der vrowen mîn
ir kurzwîl mit vreude schîn.
in ernstlîchem râte saz
5760 mîn herre der künic umbe daz
wie er möht daz rîche
berihten wîselîche.
den vrowen wol gezam der schimpf,
ouch was dem künic ein guot gelimpf
5765 mit sînen sundern râtgeben
in ernstlîchem râte leben
und umb daz rîche sorgen.
fruo an dem andern morgen,
dô gotes ampt was getân
5770 und man enbîzen solte gân,
mîn herre enbeiz. dar nâch zehant
wurden gar für in besant
die herren von dem rîche.
die enphiengen al gelîche
5775 ir gerihte, ir lêhen und ir lant
mit vreuden von des küniges hant.

5748 mit *fehlt* B; Mängem B, mangem H.   5749 Parliertend B, parrierte H., *vgl. z. B.* 4753   5750 mängem B, mangem H.   5753 frœlîche H.   5756 glimpfe H.   5762 wyssklîche B, wizzechlîche A, witzeclîche H·   5763 g.wol B   5764 küng B, herren A, herrn H.   5768 F. vnnd a. d. m. B   5769 ambet H.   5774 alle AH.   5775 vn̄ A *fehlt* B

Dar nâch sî swuoren vrides reht,
ez wære ritter oder kneht,
swer den vride bræche,
5780 daz man ez an im ræche
mit etslîchem sêre
nâch des rehtes rehter lêre.
sus wart daz künicrîche
berihtet vridelîche.
5785 des wurden die lantherren vrô.
der künic vrâgte râtes dô,
waz sînes rehtes wære
gegen der vil grôzen swære,
daz sumelîche herrenhant
5790 mit gewalte im sîn lant
an vesten und an urborn
hâten in ir gewalt erkorn,
daz sî sich under wunden
sînes landes swâ sî kunden
5795 mit ir gewalte sunder reht.
mit einer urteile sleht
wart im erteilet sâ zehant
er solte in geben in sîn lant
ir antwurt für sich ein zil.
5800 als ich iu bescheiden wil,
wart in ein tac gesprochen,
dar nâch ze sehs wochen
nâch unschulde antwurt geben
oder nâch genâden leben
5805 nâch des küniges hulden
und nâch ir rehten schulden.
Dô daz verurteilet wart,

5777 aidess B   5781.5782 *fehlen* B   5788 der uil B, siner *durchgestrichen* A   5789 ettliche B, sumelîcher H.   5792 hant A; gwalt H.
5797 im *aus* in *korr.* A, ime B   5798 im g. jn sim B   5807 *Kein Absatz* B; uerthaillet B

    niht lenger was dar nâch gespart
    ê daz der künic besande
5810 in allem sînem lande
    die herren zeiner hôchzît.
    über al daz künicrîch wît
    strichen sîne boten dan
    des küniges mâge und dienstman
5815 zuo der hôchzît bringen gar.
    durch sîne boten kâmen dar
    mit hôchgemuoten rotten
    von Wâleis und von Schotten
    die beide künige über mer.
5820 ouch kam mit ritterlîchem her
    ein werder künic von Cornewâl.
    vil wünneclîchen sunder twâl
    kâmen stolze fürsten guot
    mit edlen rittern hôchgemuot
5825 von Îbern unde von Îrlant.
    ouch wart von Norwæg besant
    sîn sweher künic Reinmunt.
    dô im diu mære wurden kunt,
    er kam mit vreudenrîcher schar
5830 zuo dirre hôchzît aldar.
    swer ein ritter was genant
    über al diu næhsten lant,
    den dûhte des, im wær verseit
    ritterlîchiu werdekeit,
5835 solt er die hôchzît niht sehen
    diu dâ solte geschehen.

5812 künecrîche H. 5814 vnnd man B 5815 Ze AH. 5818 valeis B, valers A 5820 kom AH. 5821 Corwal B, kornubal A 5822 wal B 5823 Komen AH. 5825 iberne B, ir ybern A, Ẏberne H. 5826 norwege BH. 5829 kom AH. 5833 wære H. 5834 Richeliche B 5836 Die da B, da div A

Nû muost ich durch den herren mîn
bî im in dem lande sîn,
der hôchzît beiten dâ.
5840 dar nâch in kurzen stunden sâ
diu zît begunde nâhen
und balde engegen gâhen
daz die geste solten komen,
als in was daz zil genomen.
5845 die herren sûmden sich niht mê:
die kunft die sî lobten ê
die leisten sî und kâmen gar
in daz lant mit grôzer schar.
über mer und über lant
5850 wart an die hôchzît besant
sô manic edel fürste rîch.
wart ie der hôchzît gelîch
dekeiniu vor dirre zît,
daz mac wol lâzen âne nît
5855 künic Willehalm der guote.
mit vreudenrîchem muote
enphie der tugentrîche
die geste minneclîche
ze Lunders in der houbtstat.
5860 die geste er herbergen bat
in die stat und ûf daz velt.
man sluoc der fürsten gezelt
allenthalben ûf den plân.
daz wart durch hôhen muot getân,
5865 wan diu hôchzît durch rîcheit
ze velde was aldâ geleit.
Vrœlîch an einem morgen fruo

5837 muoste H.   5845 lûden B   5847 Dass l. B; komen AH.;
dar BH.   5854 stritt B   5859 hopt statt B, houbetstat H.   5861 ѵ̑f
A, an B   5864 hochmût B   5867 Vrœlîche H.

              begunde vaste sîgen zuo
              der stolze künic Reinmunt.
5870   dô bereite sich zestunt
              mîn herre gegen im ûf die vart.
              zuo im hâten sich geschart
              tûsent ritter über mer.
              daz vil wünneclîche her
5875   was ritterlîchen wol bekleit.
              dô reit mit grôzer werdekeit
              der künic mit der künigîn
              gên dem vil lieben sweher sîn
              für daz gestüele ûf daz velt.
5880   sîn sunderrinc und sîn gezelt
              was daz gegengestüele hie.
              ir lieben vater wol enphie
              mit vreuden minneclîche
              mîn vrowe sældenrîche.
5885   daz muost in hôhen vreuden sîn.
              dô weinde ir herzeclîchen pîn
              der künic und daz reine wîp
              und manic hôchgemuoter lîp.
              manigem was von jâmer wê,
5890   die ir mâge hâten ê
              ûf des wâges fluot verlorn
              bî dem herren wol geborn.
              diu vrowe ein ende gab der klage.
              dô begunden bald an dem tage
5895   die geste nâhen alle
              mit vrœlîchem schalle.
                 Von Cornewâl und von Wâleis,

5868 B. bald kommen zů B   5875 berait B   5880 svnder dinch [d *getilgt*] A, sonnder rich B   5885 muoste H.   5889 Manigem A, Genůge B, manegen H.   5890 magen A   5893 der A, ir B   5894 begund AB; balde H.   5895 D. g. nauch dem alle B   5897 Cornubal A, Curwal B; valeis A, walleis B

```
              von Schotten und von Norgâleis,
              von Îbern und von Îrlant
       5900   wurden in daz lant gesant
              mit hôchgemuoter ritterschaft
              der lande fürsten hœhstiu kraft
              durch mînen lieben herren wert,
              wan er es hâte an sî gegert.
       5905   die wurden alle mit ir schar
              sunder geherberget gar
              ze ringen wîten ûf den plân.
              man sach ûf dem gevilde stân
              sô manic rîche pavilûn,
       5910   sît Artûs der Britûn
              des künicrîches krône wielt,
              daz künic nie aldâ behielt
              sô manigen stolzen werden gast
              noch von rîcheit solhen last
       5915   alsam der reine guote,
              künic Willehalm der hôchgemuote.
              des muoz man im von schulden jehen.
              verric glesten, liehtez brehen
              sach man durch daz gevilde,
       5920   die banier und die schilde
              die dâ gestôzen wâren für
              in liehter küniclîcher kür
              allenthalben ûf daz velt
              für diu rîchen gezelt
       5925   beidiu dort, hie und ouch dâ,
              aber dort und anderswâ.
```

5899 ybern A, iberne B, Ŷberne H.; yrlant A, ir lannd B, Ŷrlant H.
5904 hette B   5907 raingen witen B, ringe wit A, ringe wîte H.; dem B
5911 Des kunges k. wielte B   5912 Das B, der A; behiellte B   5915
Als AH.   5916 kvnich A, Küng B *fehlt* H.   5918 verrich A, Fry lero
B, virric H., *vgl.* 5649   5920 D. baner von den willden B; panier AH.
5921 Die gestellet w. f. B   5925 Baide hie dort B

Dô gar die geste wâren komen,
sî hâten herberge genomen
ze velde wünneclîche.
5930 die herren al gelîche
hâten sich enwiderstrît
ûf die grôzen hôchzît
mit werden rittern vil gemeit
gewarnet rîch und wol bekleit
5935 mit rîchen kleidern guot genuoc.
man sach nâch edlen fürsten kluoc
manigen rîchen phellôl guot
stolze ritter hôchgemuot
von gesteine wol durchslagen
5940 ze wünneclîchem kleide tragen
den tac mit vreuden sunder leit.
swar iemen gie oder reit
durch die herberge über al,
der hôrte anders niht wan schal
5945 und aber schal von schalle grôz,
vil galmes unde tambûr dôz
des dônes galm parrieren,
videln und vloytieren
ze buhurt und ze tanze gar
5950 vor maniger ritterlîcher schar,
die mit rîchen vreuden ganz
huoben buhurt unde tanz
vor den gezelten ûf den plân.
dâ wart mit schalle widertân
5955 swes man durch schal ze vreuden phlac
von den rittern gar den tac.

5927 *Kein Absatz* B; Do A, Nun B   5930 alle AH.   5931 ain widerstritt B   5934 gewant A; rîche H.   5937 phell^s A, phellel H.   5940 Wunliche klaider t. B   5941 Dem tage A   5945 vber A   5946 tambûre H.   5947 dozes AH.; beriren B   5948 clotieren B   5950 Von B
5953 Für die B

Des nahtes dô man solte
ezzen sam man wolte
und diu ritterschaft gesaz,
5960 mîn herre der künic niht vergaz
er vlizze sich mit rîcher kraft
ritterlîcher wirtschaft.
diu wart mit zühten für getragen.
ein gestüele wart geslagen
5965 den hôchgemuoten vrouwen,
dar an sî mohten schouwen
die ritterschaft mit vreuden sîn.
dô des tages liehter schîn
vlôch die kunft der trüeben naht,
5970 diu edel ritterlîche maht
zogte ze herberge dô.
die fürsten schuofen ez alsô
daz diu naht ir trüeben schîn
muoste lûter lâzen sîn
5975 durch manic lieht daz dâ erschein,
dô des tages lieht verswein.
von grôzen liehten der man phlac
erschein aldâ ein ander tac
von der herberge rîche.
5980 man hôrte minneclîche
vor den fürsten vreuden vil,
maniger hande seitenspil
in süezer wîse erklingen,
von minnen schône singen,
5985 von âventiuren sprechen wol,
daz man mit zuht vernemen sol,
von minnen und von ritterschaft

5957.5958 wolte : solte AH.   5958 sam A, so B   5961 vliste B
5963 mit fröden B   5966 Vor abe sy B   5969 lieben B   5970 edele H.
5971 Zoge B; herbergen A   5979 vor H.   5981 Von B   5984 Vor
inen B

sprechen suoze in süezer kraft.
Von der stat hin ûf daz velt
5990 in der fürsten gezelt,
hin und her, her unde dar,
geschart mit maniger süezen schar,
die ritter mit vil werden siten
ritterlîchen schône riten
5995 die geste salûieren.
dô begunde sich parlieren
wider in vil manic süezer gruoz.
mit süezem schimpfe wart in buoz
sorge und angestlîcher nôt.
6000 ir werdiu zuht in gebôt
schimpflîch und in vreuden leben,
ein zil der sorge mit vreuden geben.
hie und dort und aber hie
vil manic schimpflich gruoz ergie.
6005 man truog in hovelîcher kür
den edlen rittern schône für
daz trinken wünneclîche
in manigem kopfe rîche
in der herren herberge gar.
6010 swer es wolte nemen war,
der jach daz er nie anderswâ
sô manigen ritter als ouch dâ
gesach mit alsô werden siten.
mîn herre und ich mit vreuden riten
6015 zuo den fürsten rîche
vil geselleclîche
schowen mit vrœlîcher kraft
die hôchgemuoten ritterschaft.

5996 parrieren H.   5997 Vnnder inn m. B   5998 schimpffen B,
schimp A; im A   5999 Sorgen A   6001 schimpflîche H.   6002 mit
vreud g. A, den fröden gauben B; d. s.e. z. m. vreude g. H.   6012 als
✝ch A, so B

           Diu naht mit vreuden sich zerlie.
6020   dô der morgen ane vie,
           der sunnen wuohs ir liehter glast.
           dô fuor vil manic stolzer gast
           zuo dem münster dâ man messe sanc.
           dô man gesanc, dô was niht lanc
6025   ê daz die ritter an dem zil
           mit wol verdahten orsen vil
           ûf daz gestüele drungen.
           die schellen lûte erklungen,
           die banier wurren sêre sich,
6030   der buhurt wart sô ritterlich
           daz nie sô schœner wart gesehen.
           dar nâch dô ditz was geschehen
           und man enbîzen dannen gie,
           mîn herre mich des niht erlie
6035   ich müeste dâ gemâze sîn
           der vil werden vrowen mîn.
           mîn sun an sîner sîten saz.
           ich weiz von rehter wârheit daz
           nie dekein mîn genôz
6040   gesaz mit êren alsô grôz
           noch mit sô rîcher werdekeit.
           mir was bereit und unverseit
           gemeiniu gunst an sælden gar
           von der hôchgemuoten schar.
6045   mir gunden al gelîche
           arme und dar zuo rîche
           daz sich mîn sælde mêrte,
           und daz got verkêrte

6021 D. s. durch ir B   6023 messe A *fehlt* B   6026 verdachtem A
6029 panier AH.; warend hoffelich B   6031 schöners B   6032 ditze
AH.   6036 lieben f. B   6039.6040 genoze : groze A   6041 grozer w.
AH.   6043 Gemeine AB   6045 Mir all gelichen B; alle AH.   6046
arm AB

leit an mir mit sîner kraft.
6050 des wunschte mir diu ritterschaft.
Dô diu werde schar enbeiz
und sich ûf hôchgemüete vleiz
mit buhurt und mit tanz aldâ,
nû giengen für den künic sâ
6055 die herren mit geleite
den er dâ vor verseite
vriuntschaft unde hulde,
den durch ir grôze schulde
für in geteidinget was.
6060 sî vielen für in ûf daz gras
und suochten sîner hulden gunst.
mit weinelîcher klage vernunst
was mit jâmer ir gebâren.
alle die dâ wâren
6065 die hulfen mit gemeinen siten
den künic sîner hulden biten
über dise ritter wert.
swie vil des wart an in gegert,
er verseit ie dar und aber dar.
6070 doch wart geholfen diser schar
daz sî daz künicrîche
verswuoren al gelîche
und in dem rîch ze Engellant
nimmer wurden mê bekant
6075 âne sîner hulde wort.
des wart dem künige dort
gesworn manic gewisser eit
mit gewislîcher sicherheit.
daz klagte mit gemeiner klage

6053 tanze H.   6058 den] drei A, Fry B, dien H.; grossen B   6061 hulde B   6062 wunst B   6065 Die schůffund B   6068 wart A, was B   6069 verseite H.; ie A, jnn B   6070 Och B; der B, dirre H.   6072 alle AH.   6073 riche AH.   6074 immer A   6077 wyser B

```
6080    manic man an dem tage.
        Dô diu gewisheit wart gesworn,
        der edel künic wol geborn
        beriet mit sînen vriunden sich
        wie er solt ergetzen mich
6085    des schaden den ich truoc durch in,
        wie er mir fuogte den gewin
        dâ ich vergæz des schaden an.
        dô rieten ime sîne man
        daz er rîchte mich durch ruom
6090    und mir ein herzogentuom
        lîhe. daz ist geheizen Kant
        und ist gelegen ze Engellant.
        dô sich der künic des beriet,
        er kêrte wider zuo der diet
6095    mit manigem wîgande.
        die fürsten von dem lande
        wâren dâ der rât geschach.
        die vier und zweinzic man dâ sach
        die ich von banden hât erlôst
6100    und den ich vreude koufte und trôst.
        ditz rieten mâge und ouch man.
        sus kêrte er wider zuo mir dan.
        er hiez gedagen über al
        vor im den dôz und ouch den schal.
6105    sî stuonden gar ze ringe dâ.
        mit zühten sprach mîn herre sâ:
        ‹hie sitzet mîner vreuden trôst,
        des guot, des muot mich hât erlôst,
        mit dem mir got lîp unde leben,
6110    guot, sælde und êre hât gegeben.
```

6082 Vor edlen küngen hochgeborn B; edele H.   6084 solde H.
6085 Des B, Den A   6086 Wie er gefügete den g. B   6087 vergæze H.
6088 im AH.   6090 hertzen tům A, herzentuom H.   6093 *Absatz* B
6099 hett B, hâte H.   6110 Gůt söllche er B

Ich hât guot, vreud unde lîp,
mâge, man, vriund unde wîp,
sæld und êre, ditz lant verlorn;
mir hâte sicherheit gesworn
6115 daz grœste unheil daz ieman
in sînen zîten ie gewan.
daz widerkoufte mir sîn guot.
got der niht wan wunder tuot
der fuogte in sîne hant mîn wîp,
6120 vriunde, lant, krôn unde lîp
alsô gewalticlîche
daz ich von mînem rîche
was vertriben hinz an in.
durch sînen tugentrîchen sin
6125 minnt er mich für sîn kint.
des kindes lieb was im ein wint
gên der vil grôzen liebe gir
die sîn herze truoc gên mir.
er schiet durch die liebe mîn
6130 von dem lieben sune sîn
mîn wîp durch sînen guoten muot.
für alles guotes überguot
prüev ich die grôzen güete,
die süezen diemüete,
6135 daz er fürbaz minnte mich
dan er selbe tæte sich.
er stiez von sînem lande sich,
fürbaz nam er ze künige mich,
dô im diu krône und daz lant

6111 hâte H.   6112 mag A, Mauge B, mâze H.   6113 Leben vn̄ B;
ditze H.   6115 Diss gross B   6116 In disen B   6123 vntz BH.   6125
minte H.   6127 lieben grossen g. B   6132 alles gût BAH., *vgl. z. B.*
5545   6133 Brüf A, Trüw B, prüef H.   6135 liepte B   6136 Wann B,
danne H.   6137 minem AH.   6138 fur sich n. AH.

6140 gewalticlîchen was benant.
       Nû râten alle die hie sîn,
       sît der vil liebe vater mîn
       sîne sælde und sînen prîs
       an mir hât sô manige wîs
6145 gekrœnet und gemêret,
       geblüemet und geêret
       (wan er geruochte ûf sich laden
       durch mich alsô grôzen schaden),
       wie ich im ein teil beneme
6150 alsô daz ez mir wol gezeme,
       wie ich vergelte im sîn guot.
       sînen tugentrîchen muot
       möht ich niht vergelten wol.
       got, der güete lônen sol,
6155 lôn im der diemüete
       durch sîne grôze güete.
       süezer lieber vater mîn,
       die fünfzic tûsent marke dîn
       wil ich dir gelten hie zehant;
6160 daz herzogentuom ze Kant
       solt dû von mir enphâhen;
       dû solt ouch niht versmâhen
       von mir den selben gewalt
       und dîne gülte zwelfvalt.
6165 dar zuo solt dû sîn gewert
       alles des dîn herze gert
       in disem künicrîche.

6140 Gewalltenklichen B, gewaltiklich A, gewalteclîche H.; benant *aus* besant *korr.* A, bekannt B, besant H.   6144 hât] mit A *fehlt* B; maniger A, mänge B, manegen H.   6148 so grözlichen AH.   6149 swie H.   6149.6150 benæm : gezæm A   6151 swie H.; jm uergelte B   6153 möhte H.   6155 lône H.   6158 fünfftzehen B   6160 hertzentûm A   6162 ᵘch A *fehlt* B   6164 güte B   6166 A. das din hertz begert B

```
              dû solt gewalticlîche
              mit dem lieben sune dîn
6170          mîn heimlich rât immer sîn.›
                 Der geheize wart ich vrô.
              zuo mînem herren sprach ich dô:
              ‹lieber herre, süezer degen,
              ir habent ze hôhe mich gewegen
6175          mit lobelîchem prîse.
              wær ich nû alse wîse
              daz ich gedanken kunde
              iuwerm süezem munde
              der geheize minneclich,
6180          der süezen worte in den ir mich
              sô lobelîchen habent geseit,
              sô wær iu mîn danc bereit.
              nû lôn iu der geheize got
              durch sîn gotlich gebot
6185          der ir mir, herre, hânt getân.
              solt ich grôze hêrschaft hân,
              daz wær mir ein grôzer ruom.
              daz rîche herzogentuom
              sol von art ein fürste hân.
6190          des hât mich mîn geburt erlân.
              von Kant des herzogen hant
              ist in der werdekeit erkant
              daz grâven, vrîen, herren grôz,
              des selben namen manic genôz
6195          durch manschaft nîgt schône
              nâch lêhenschaft ze lône,
              die sich von rehte müesten schamen
              daz sî mich in herren namen
```

6171–6200 *fehlen* B   6182 wære H.   6183 lône H.   6186 solte H. 6187 wære H.   6188 hertzen tûm A   6189 arte H.   6191 hant A, lant H.   6195 nîget H.

	ze herren nanden über sich.
6200	der name wær mir ze grœzlich.

Lieber herre mîn, welt ir
nâch mînem willen gelten mir,
sô geltent mir als ich iuch bite
durch iuwern tugentrîchen site.›
6205 ‹gerne, lieber vater mîn,
swes dû bittest, daz sol sîn.›
‹sol ich des gewisheit hân?›
‹jâ benamen, sunder wân.›
‹sô ger ich, lieber herre guot,
6210 daz ir mir die genâde tuot
daz ir durch den willen mîn
in iuwern hulden lâzent sîn
die herren hie der missetât
verworht iuwer hulde hât.
6215 die ger ich daz ir lâzent sie
mit günstlîchen hulden hie
in disem künicrîche
belîben vridelîche,
an vriuntschaft unverkrenket,
6220 und nimmer mêr gedenket
mit itewîz ir schulde.
durch iuwer süeze hulde
geruochent mînes herzen gir.
mit dirre bete lônent mir.
6225 sô hânt ir liute unde lant
mir gegeben sâ zehant,
herzogentuom und rîche,
alsô gewalticlîche
daz es mîn muot niht fürbaz gert,

6204 ivre A, iwer H.; tugentriche AH.   6205 Gern AB   6207 gewyss B   6214 Verwücrkt B   6215 Den B   6216 gv̆nstichlichen A, günsteclîchen H.   6220 nicht AH.   6221 ettwass B, itewîze H.   6222 sv̈siv A, süssen B   6227 Hertzogotům B, Hertzentům AH.   6228 alse A

6230	wird ich der bete alsus gewert.›
	‹Daz sî ouch durch dich getân.
	ich wil sî hulde lâzen hân
	durch den süezen willen dîn.
	sî sulnt ir eides ledic sîn,
6235	in sî daz lant erloubet hie.
	swaz sî mir getâten ie,
	daz sî gar durch dich verkorn.
	disen hezzeclîchen zorn
	wil ich geniuwern nimmer mê.
6240	ich bin in holt als ich was ê.
	nû ger ich daz dû ditz lant
	enphâhest hie von mîner hant.›
	‹benamen, herre mîn, nein ich.
	des lônes wil genüegen mich
6245	des ich von iu enphangen hân.›
	‹sô solt dû dînem sune lân
	ditz lant, ob es dich bevilt,
	ob dû ez niht nemen wilt.›
	mîn sun sprach: ‹swes mîn vater giht,
6250	des gihe ich und anders niht.
	ich nime swaz mîn vater nimt.
	niht anders fürbaz mir gezimt.›
	‹sô nim durch mîner liebe kraft
	von mir eine grâveschaft
6255	und hie ze Lunders dise stat.
	swaz ir ze urbor ist gesat
	an liuten und an guote
	wil ich nâch dînem muote
	dir immer eigenlîchen lân.

6230 Würde B   6234 sült si [si *übersetzt*] A, Sy sollend B   6235 disss B   6237 d. dich gar AH.   6238 hertzenlichen B   6239 gewinnen B   6241 Noch B; ditze AH.   6243 min B *fehlt* AH.   6244 will ich benügen m. B   6247 Ditze AH.   6250 Dz ieh B   6251 Ich liebe wz min v. liebet B   6253 lib A *fehlt* B   6256 ze erbarn B; gesazt A

6260 daz solt dû ze lône hân.›
Des lieben trôstes was ich vrô.
ich nam in mînem herzen dô
daz lant, die krôn, die hêrschaft,
die grôzen rîcheit und ir kraft,
6265 die stat, daz herzogentuom,
die grâveschaft und ouch ir ruom,
und ophert ez dâ durch den got
der durch der gotheit gebot
durch uns ze opher wart erkorn
6270 unde menschlîch wart geborn
ze trôste sîner kristenheit
und den tôt menschlîch erleit
umb alle die im gloubic sint:
Jêsus der reinen megde kint.
6275 an des gotlîche kraft
ophert ich die hêrschaft
und wolte gelt und ouch gewin,
phant und bürge lân an in.
ich sprach: ‹vil lieber herre mîn,
6280 solt ich landes herre sîn,
diu hêrschaft wære mir ze grôz.
ich hân sô manigen übergenôz
in diser stat gesehen hie,
des werdekeit sô grôz was ie
6285 daz mir niht wol gezæme,
ob ich dienest næme
den er ze rehte solte tuon
durch die hêrschaft, durch den ruon
daz er mich herre nande

6262 min hertze B   6264 ir A *fehlt* B   6265 hertzentům A   6266
och B *fehlt* AH.   6267 es für den B   6270 menschlîche H.   6272
menschlîche H.; leit AH.   6273 im gelaubich A, glöbig B   6274
Ihesus B, ih's A   6280 Sol B, solte H.   6282 uwer genoss B   6283 der
B, dirre H.; gesezzen AH.   6286 ich dienste B, ich ir dienst A

6290 und ze herren mich erkande.›
     Dô mîn vil lieber herre sach
     daz ich daz lant, die stat versprach,
     er bat mit sînen vriunden mich
     durch got, durch in, durch sî daz ich
6295 stat, drîvalt silber, oder lant
     næme aldâ von sîner hant.
     daz versprach ich gar durch got.
     doch durch der künigîn gebot
     lobt ich ir rôtem munde daz
6300 ich wolte nemen etewaz
     von silber und von golde,
     swenn ich ze lande wolde.
     des was mîn werdiu vrowe vrô.
     für daz gestüele drungen dô
6305 gegen mir mit einer grôzen schar
     die ellenthaften ritter gar
     den ich des küniges hulde
     erwarp, die durch ir schulde
     in sîner æhte wâren ê.
6310 sî kunden niht gedanken mê;
     sî vielen ûf ir knie für mich;
     sî vreuten alsô sêre sich
     daz man sî harte weinen sach.
     grôz jâmer in vil vreuden jach.
6315 sî sprâchen: ‹süezer vater guot,
     reines herzen reinen muot,
     sô reinen muot dîn herz treit,
     sældenrîche sælikeit,
     daz got durch sîner sælden bluot
6320 vil der welde sælden tuot.

6292 die s. dz l. B   6295 Stett B   6299 roten AH.   6300 Dz ich B
6308 erwarf [f *getilgt*] A   6309 ahte B   6310 erdengken me B   6311
nider uff B   6317 herze H.   6319 dîner H.

got durch sîner sælden trôst
hât manigen man von nôt erlôst.
Dû bist der triuwen schilt in nôt,
der vreude leben, des leides tôt,
6325 des ungemüetes widerstrît.
dîn trôst gewin an vreuden gît
und swendet ungemüete.
got was in reiner güete,
dô er der stunt gedâhte
6330 diu dînen sâmen brâhte
in der natûre meisterschaft
diu dir loblîche kraft
an lebender fruht begunde geben,
dô dîn blüejendez leben
6335 von einer kranken blüete gie,
dô dîn leben ane vie,
daz nâch der blüete hât dîn fruht
für brâht mit sô rîcher zuht
daz an dir diu gotes kunst
6340 hât volbrâht der sælden gunst.
der got der an dich sîne kunst
leite und ouch der sælden gunst,
der behüete dir dîn leben
und ruoche dir mit sælden geben
6345 immer sælde, êre und heil
und himelischer genâden teil
bî der engel süezen schar.
er ergetz dich dîner güete gar
und ruoche in sînem muote hân
6350 daz dû uns liebes hâst getân

6321 sinen B, dîner H.; selden A *fehlt* B 6322 von sorgen B 6327
wenndet B 6332 lobelîche H. 6334 Vnnd din B; bluendez AB
6337 din A, die B 6339 Was B 6341 sine B *fehlt* A 6346 himelriche
B; gnauden BH. 6347 süsser B 6348 Vergesser diner gethaut gar
B; er ergetz] er? *vorgeschrieben* ergetz er A 6350 dez AB

und ruoche geben dir den lôn
den nie wort noch zungen dôn
volbringen kunde,
noch der ze herzen grunde
6355 nie durch ôren tor gedranc
noch in menschlîchen gedanc
nie geschôz durch ougen sehen,
durch menschlîches ougen brehen.
 Wan dû, vil lieber vater guot,
6360 durch dînes herzen süezen muot
verspræche liute unde lant
und lôstest unser sorgen bant,
daz uns mit klagender arbeit
in klagender nôt was an geleit.
6365 dû hâst enbunden uns von nôt.
got durch den menschlîchen tôt
den er menschlîchen leit
in menschlîcher blœdekeit,
der geb dir wernder sælden trôst.
6370 sîn güete mache dich erlôst
von weltlîchen schanden
und von der helle banden
mit gotlîcher süeze.›
hende und dar zuo füeze
6375 kusten sî von vreuden mir.
daz was gar âne mîne gir.
sî wolden es niht lâzen.
doch muosten sî ez mâzen
und machen ir gebærde ein zil.
6380 ir vreudendankes was sô vil
daz ich aldâ von manigem man

6355 tor A *fehlt* B   6359 *Kein Absatz* B   6365 Nun haustu B
6369 Vergelt dier wernden s. t. B; gebe H.   6376 min begier B   6377
wolltund B, enwolden AH.   6379 machten A

vrœlîche gunst gewan
mit lieplîcher stætekeit.
swâ ich gie oder reit,
6385 dâ wart ich vil gekaphet an.
mir wunscht manic werder man
durch sîner zühte gebot
sæld und heiles umbe got.
 Diu ritterschaft begunde dô
6390 in ritterschefte wesen vrô,
als ez der hôchzît gezam.
ieglîcher an sich nam
sîne fuoge, der er phlac
mit hôchgemüete gar den tac.
6395 dirre lief, jener spranc;
dirre seite, jener sanc;
hie was buhurt, dort was tanz:
diu ritterschaft truoc vreuden kranz.
sus was mit vreuden âne klage
6400 diu hôchzît drîe tage.
daz varnde volc mit vreuden enphie
manige rîche gâbe hie;
die ritter lêhen, silber, golt;
von gesteine rîchen solt
6405 enphiengen von dem künige dâ
die ellenthaften fürsten sâ.
diu hôchzît sich balde schiet.
die fürsten fuoren mit ir diet
hin wider heim al gelîche
6410 von dem künicrîche
über mer und über lant.

6382 vrölich AB   6386 wunst B, wunschte H.; bider B   6388 Vnnd
hyess mir dess dangken gott B; sælde H.; vmb A   6398 trůk A, durch B
6400 dri AB   6401 vernde A, frömde B; vreude H.   6403 Den ritern
leh er s. vnnd g. B   6406 ritter sa B   6409 alle AH.

		von swannen sî aldar gesant
		in daz rîche wâren hin,
		dar jagte sî ir herzen sin.
6415	diu vrowe weinde sâ zestunt
		dô der künic Reinmunt,
		ir vater, von dem lande fuor,
		der mir ûf sîn triuwe swuor
		daz er immer gerne tæte
6420	durch mich swes ich in bæte.
		Der geheize wart mir vil
		mit danke an dem selben zil
		von manigem werden man getân.
		ich wart dankes niht erlân
6425	von mînes herren mâgen,
		die mînen dienst wâgen
		hôher dan er wære.
		die geste unwandelbære
		schieden von dem lande hie.
6430	dô diu hôchzît zergie,
		dar nâch wart ouch ich enein
		daz ich kêrte wider hein.
		ich bat urlobes ûf die vart.
		dô des mîn herre innen wart
6435	und ouch diu liebe vrowe mîn,
		sî begunden beide trûric sîn.
		sî weinden dicke beide
		von jâmer und von leide.
		swenn ich urlobes wolte gern,
6440	sô muost ich es von in enbern.
		iedoch treip ich sî dar an
		daz ich urlob von in gewan.

6412 bekannt B   6414 Veriagtend sy irss B   6415 Die fremden s. z. B   6416 da A, Vnnd B   6418 sîne H.   6420 wass ich B   6426 Die mier zu dinste w. B   6427 den A, denne H.   6430 ergie B   6438 vnnd och von B   6440 muoste H.; von A *fehlt* B   6441 si A *fehlt* B

dô hiez ich mir bereiten gar
mîn schif als ich ez brâht dar
6445 wider ûf des wâges trân.
swaz ich ze nôt solte hân
her wider heim ze spîse,
des wart in rîcher wîse
mîn schif in grôzer rîcheit
6450 rîlîch unde wol bereit.
Dô der urlobes tac
unde scheidens zît gelac,
ich gie für mînen herren sâ
und für die künigîn aldâ.
6455 ich sprach: ‹herre und vrowe mîn,
lât mit iuwern hulden sîn
daz ich heim ze lande var.›
dô besande er aber dar
die werden wîgande
6460 die von der heiden lande
dâ vor mit mir fuoren ê.
den tet unser scheiden wê,
daz aldâ von uns geschach.
mîn herre dô mit zühten sprach:
6465 ‹herzenlieber vater guot,
durch dînen sæliclîchen muot
lâ noch dîn guot dir gelten mich.
des ger ich durch got an dich.›
dô sprach diu küniginne:
6470 ‹durch die süezen gotes minne,
lieber vater guoter,
brinc mîner lieben muoter
mînes guotes etewaz.›

6443 Doch B   6444 brâhte H.   6445 dran A   6450 Billich B,
rîlîche H.   6451 *Kein Absatz* B   6452 schaides B, scheidennes H.
6456 Nun lant B   6468 ich ger B

⟨gerne, vrowe, tuon ich daz.
6475 nû lânt geschehen daz iu gezeme,
swaz ich guotes von iu neme,
daz mir vergolten sî dâ mite.
niht anderr gülte ich fürbaz bite,
wan der dunket mich genuoc.⟩
6480 vil balde man dô für mich truoc
gesteine, silber unde golt.
des wart mir sô vil geholt,
wolt ich ez halbez hân genomen,
mir wær mîn guot wider komen
6485 drîvalt oder dannoch mêr.
dô sprach diu küniginne hêr:
⟨ditz brinc, liebez väterlîn,
der herzenlieben muoter mîn.⟩
⟨vrowe, ich nim uns beiden wol
6490 daz mich und sî genüegen sol.⟩
dannoch dûhte rîcher mich
der gotes lôn. iedoch nam ich
durch den künic und die künigîn
ein fürspan und ein vingerlîn
6495 und brâhte mînem wîbe daz
und niht anders fürbaz.
daz was leit in beiden.
dô wolt ich dannen scheiden.
mîn herre mit mir schône reit
6500 und ouch diu künigîn gemeit
mit einer wünneclîchen schar
zuo mînem schiffe balde dar
hin in die habe dâ ich ez lie.
sîn zuht an mir begie

6474 gern AB   6478 an dirre g. A, annderss dirre g. B; fvrbaz A *fehlt* B   6479 *Absatz* AH.   6480 man mir für t. B   6483 halben genomen B   6484 güllte B   6485 Vir valt A, viervalt H.   6497.6498 *umgestellt* B   6498 wolde H.   6501 minneklichen B   6504 sîne H.

6505 mit klage manic stolzer lîp,
beidiu man und dar zuo wîp.
Dô ich von dannen wolte
scheiden als ich solte,
mîn herre als ein getriuwer man
6510 vil sêre weinen began.
er sprach: «owê, sol ich nû sehen
daz scheiden daz hie sol geschehen,
des muoz ich immer trûric sîn.
jâ hâstû, lieber vater mîn,
6515 mir als väterlîchez guot
durch got und durch dîn selbes muot
alsô lieplîch getân,
des ein vater hæte erlân
sîn kint, daz von im wær geborn.
6520 ze vater hât ich dich erkorn
und hâte des gedâht alsô,
ich solte mit dir wesen vrô
hinz an unser beider zil.
nû tuost dû mir leides vil,
6525 wan dû mir wilt vrömden dich.
ez muoz immer müen mich,
ez tuot mînem herzen wê.
ich gerte guotes niht mê
wan daz ich, lieber vater, dich
6530 solte sehen und daz ich
müeste vreude hân mit dir.
got weiz, vater mîn, waz mir
herzenleides ie geschach,
daz was hin swenn ich dich sach,

6506 dar zů B, ѷch div AH.   6507 *Kein Absatz* B   6509 *Absatz* B
6510 Vil B *fehlt* AH.   6512 geschen A   6514 hast dv AH.   6515 also B
6517 lieplîche H.   6518 Dz B; verlon B   6519 wære H.   6520 hett
B, hâte H.   6523 Vnntz BH.   6526 mügen B, müejen H.   6532 swaz
H.   6533 Hie laides B   6534 hin A *fehlt* B

6535 sît daz ich künde dîn gewan,
wan nie sô sældenrîcher man
dirre welde wart gegeben.
nû muoz ich mit jâmer leben
nâch dir, mit klegelîcher dol,
6540 wan ich dîn entwesen sol.›
  Ich sprach: ‹herre, möht ez sîn,
sô weiz got wol den willen mîn,
daz mir muoz wesen immer mê
nâch iu herzenlîchen wê
6545 mit jâmer in dem herzen mîn.
ich wolt es immer gernde sîn
ob ich möht bî iu bestân.
des leider nû niht mac ergân.
nû ruoche iu got mit vreuden geben
6550 immer sældenrîchez leben
und mîner lieben vrowen guot.
ich wil daz herze und ouch den muot,
swie ich sî doch beslozzen hân,
iu hie mit herzenliebe lân
6555 und wil dem lande immer mê
heimlîcher holder sîn dan ê.
hæt ich iu liebes iht getân,
des ich leider wênic hân,
des wær ich vrô und vreutes mich,
6560 daz dûhte mich vil zimlich.
lât mich mit iuwern hulden varn.
got der reinen megde barn
gebe iu sælde und êre
mit vreuden immer mêre.›
6565 sus kuste ich in und er mich.

6539 klaghaffter B 6541 möhte H. 6543 i. w. me B 6546 wöllt B, wolte H.; geeret B 6547 möhte AH. 6556 H. schulde s. B 6558 wenig hon B, nicht *durchgestrichen* enhan A 6559 wære H.; fro ich frowte m. B 6560 diuhte H.; uil ze schnellelich B

```
            dô weinde mîn herre unde ich,
            mîn vrowe und ouch diu ritterschaft
            mit leide in ungemüetes kraft,
            als uns von jâmer gezam,
6570        dô ich urlob aldâ genam.
              Dô wir bereiten uns ze wege,
            in die vil süezen gotes phlege
            gab ich die vrowen und ir man.
            ich lie sî dâ und schiet ich dan
6575        ze tal daz wazzer in daz mer,
            mîn sun und ich. des küniges her
            liez ich aldâ mit jâmer sîn.
            der künic und ouch diu künigîn
            nie geschieden von dem stade sich
6580        die wîle daz sî sâhen mich.
            alsus fuor ich ze lande wider.
            ich hân wol vernomen sider
            daz er mit hôchgemüete
            in reiner küniges güete
6585        lebt alsô lobelîche
            daz sîn künicrîche
            mit küniclîchen êren sît
            ie beleip bî sîner zît.
            sîn lant mit vride ie was behuot,
6590        sîn gerihte was sô guot
            daz sîn name wart erkant
            mit wirde über manic lant.
            sîn und der vrowen werdekeit
            an lobe werde krône treit,
6595        swâ man ir beider werdekeit
            ze mære in dem lande seit;
```

6566 w. wir min AH.   6574 schifft hin dan B   6577 Liessen a. mit fröden sin B   6585 Lebte AH.   6586 Da B   6590 gedichte B   6596 den landen B

	wan ir beider tugent kranz
	was an sælden alsô ganz
	daz man ir lob erkennet
6600	swâ man ir namen nennet.
	Dô ich her heim ze lande kam
	und ich alsolhen gruoz vernam,
	den vriunt sol bieten vriundes kunft,
	nâch lieplîcher sigenunft
6605	wart ich mit vreude enphangen.
	dô ditz was ergangen,
	die liute dûhte rîcher,
	vil grœzer, lobelîcher
	diu guottât dan sî wære.
6610	von disem selben mære
	wart ich der guote genant.
	nû ist mir leider unbekant
	daz reht des namen. ich bin niht guot,
	wan daz die liute durch ir muot
6615	mir gâben disen hôhen namen
	ze rîchen und ze lobesamen.
	ich bin ein alsô sündic man
	daz ich iu niht verjehen kan
	daz ich ze guote iht hab getân,
6620	wan daz ich iu gesaget hân.
	ist ditz guot, daz tet ich.
	nû enmag ich niht gezîhen mich
	in herzen noch in muote
	daz ich iht mê ze guote
6625	durch got ie mê getæte.
	doch wær ich gerne stæte

6598 Wz allso stätt vnnd g. B   6601 *Kein Absatz* B; her A *fehlt* B
6608 g. vnd l. A, grœzr und l. H.   6612 vnerchant AH.   6613 Wan
ich dez nām niht me bin gv̊t A   6619 güte B; habe BH.   6622 Nun
sag ich B; geziehen H.   6623 Im h. vnnd jm m. B   6624 iht me A,
nie B   6626 Ouch B; wære H.; gern AB

daz ich getæte etewaz
dâ mit ich gote diente baz,
daz er die sünde tilget abe
6630 in den ich mich verrüemet habe.»
Ê daz des mæres wârheit
dem keiser wurde geseit,
sîn weinlich jâmer was sô grôz
daz er ûf sîner brust begôz
6635 vor im in jâmer daz gewant.
dô er der mære wart ermant,
diu guottât erbarmet in.
ouch nam er in sînen sin
wie sînes mundes rüemlich dôn
6640 verworhte an gote sînen lôn.
des mæres grôz erbermekeit
und diu manlîche süeze breit
an des koufmannes triuwe
erweind in und diu riuwe
6645 die er von den sünden truoc
daz er des ruomes ie gewuoc.
sîn sünde im riuwe brâhte.
dô er an sî gedâhte,
got er klagen sî began.
6650 er sprach: «Gêrhart, vil süezer man,
dû bist von rehte guot genant;
dîn guottât ist ouch guot erkant;
dû bist guot; dîn reiner muot
ist vil bezzer danne guot;
6655 dîn tugentrîch gemüete

6627 gerette B 6628 mite H.; gotte B *fehlt* A; gedinte AH. 6629 tiligt A, tilgte H. 6630 vorsumet B 6632 wrden A 6633 weinlich^s A, wainelich B 6638 Doch B 6639 wainelich don B 6642 Im sin hertz gantz durch schnaid B; manlich A 6644 Er wainet ess vnnd hatt r. B; er weind A, erweinde H. 6647 trüwe B 6649 gote H.; sin B 6654 dann B, denne AH.

über güetet alle güete;
dîn herz ist reiner güete vol.
ez was vil bezzer danne wol
daz dîn lîp ie wart geborn.
6660 zuo dînen tugenden hât gesworn
der hœhsten tugent werdekeit
diu aller tugende krône treit.
    Vil süezer, reiner, werder man,
dû wândest sünden dich dar an,
6665 ob dû disiu mære seitest mir.
benamen nein. ich gihe dir
daz ez vil bezzer ist gesagt
dan ob dû hætest ez verdagt.
hæt ich sô sældenrîchen muot,
6670 ez wær mir immer mê guot
an bezzerung der sælikeit,
an sünden die mîn schulde treit.
dîn guot und dîner sælden rât
mit guottât über güetet hât
6675 die kranken guottât die ich hân
durch mînen schepher getân.
mîn herze dir der volge giht
daz ich dîne guottât niht
gehundertvalten möhte
6680 daz ez dannoch iht töhte.
mînem ruome ist an gesigt.
diu wâge uns ungelîche wigt;
der mâze wac mir kûme ein lôt,
dâ dir daz fürgewæge bôt
6685 den zentern an güete,

6657 herze H.   6658 denne AH.   6662 krone A, blůmen B   6663 wär der rain m. B   6665 dise B, ditze AH.   6668 Den du es h. u. B; den A; hatest A   6671 An hertzen strang der s. B; bezzerunge H. 6673 D. gůttaut vnnd B   6679 Besonnder uallen m. B   6684 Da B, daz A; fürwäge B

an reinem hôchgemüete.
stift ich ein gotes hûs durch got
und gab ich dran durch sîn gebot
dienstman unde eigenschaft,
6690 daz was dannoch ein ringiu kraft
gên dîner süezen güete grôz.
fürsten, grâven, der genôz
kouftest dû in dîn gebot
und gæb sî dar nâch durch got.
6695 Dû næme durch den schepher dîn
ein edel rîche künigîn
mit triuwen dînem lîbe
und gæbe sî ze wîbe
dîn selbes sun. dâ nâch zehant
6700 wart von gote dir gesant
sîn gewæriu botschaft.
dô minntest dû durch sîne kraft
got für dich, für kindes lîp.
dû gæbe dînes sunes wîp
6705 irem manne durch den rîchen Krist.
dar nâch in etlîcher vrist
gæb dû krône unde lant
durch got von dîn selbes hant,
grâveschaft, herzogentuom,
6710 stete, fürstenlîchen ruom
weltlîcher êren teil.
dû lieze durch der sêle heil
der welde rîche werdekeit.
sît dir nû ist unverseit
6715 mit immer werndem lône
des himelrîches krône,

6687 Rûffte ich an gottess huld durch g. B 6693 sim g. B 6694 gäbt B, gæbe H. 6696 edele H. 6701 botschaft H. 6702 Die B 6705 Irn B, ir H. 6706 etelîcher H. 6707 gæbe dû krôn H. 6708 dines B 6710 steten AH. 6712 Liesestu B; selden A, sêlen H. 6714 die ist B

sô bitte got daz er sich
ruoch erbarmen über mich
vil armen sündære.
6720 ich armer rüemesære
daz kleine guot verrüemet hân
daz ich hân durch got getân.
daz hilf mir got gebüezen
mit dînen werken süezen.»
6725 Dô sprach der guote Gêrhart:
«got der durch uns mensch wart,
der gebe uns sælde und êre
und ouge uns solhe lêre
daz wir in disen kurzen tagen
6730 die êwiclîchen zît bejagen
diu immer wert und niht zergât,
der vreudenkraft niht ende hât,
dâ tûsent jâr sint ein tac,
die niemen vol recken mac.
6735 dâ mache uns got mit sælden vrô.»
sî sprâchen «âmen» beide dô,
der keiser und der guote man.
sî stuonden ûf und giengen dan
für der kemenâten tür
6740 ûf den hof dort hin für.
dâ hâten die burgær gebiten
ein teil mit urdriuzen siten.
die nam des michel wunder
durch waz der rât besunder
6745 sô lange wær geschehen dâ.
mit zühten sprach der keiser sâ:

6718 Gerůch B, ruoche H.   6721 Dz arme B   6723 helff B; gote H.
6726 mensche H.   6727 Vergebe B   6728 ovgen A, och B   6729 *fehlt* B
nach 6730 Ze himel werde krone traget B   6732 vreud kraft A, vreude
kraft H.   6734 vollennden B   6736 Baide Amen B   6741 burgære H.
6742 In aim sal mit frödlichem s. B; vrdruzen A   6745 wære H.

«vil lieben burgære guot,
mîn geverte und mînen muot
weiz Gêrhart mit wârheit wol.
6750 iuwer rât gelouben sol
swaz er von mînenthalben seit.
daz wizzent von der wârheit.
sag er iu niht, daz lânt ouch sîn.
daz ist in dem willen mîn.
6755 Nû wil ich iuch bitten mê.
sît mir, als ir wârent ê,
getriuwe in stætem muote gar
und nement mit guoten triuwen war
des rîches, als ir tâtent ie.
6760 ich vand ie niht wan triuwe hie;
daz volbringet ûf daz zil.
ir leistent mir ie triuwe vil;
des lônet iu mit sælden wol
got der triuwe lônen sol.
6765 der lônet swaz mit stætekeit
sînem herren triuwe treit.
got lêrt den man daz er sî
mit triuwen sînem herren bî.
hie mit sult ir urlob hân.
6770 ir habent mir dicke wol getân;
des sît stæte noch an mir.»
«gerne, herre, daz tuon wir»
sprâchen die burgære dô.
«wir wolten immer wesen vrô,
6775 hæten wir iu gedienet iht.»
«des wil ich an iu zwîveln niht»

6748 min gût B 6749 mit A, uon B 6752 fon der *aus* sun die? *korr.*
A 6753 Sage BH.; vch A *fehlt* B 6755 *Kein Absatz* B 6756 Sit ir mir
B 6763 mit truwen B 6768 s. dienner by B 6769 mite H.; solt AB
6770 honnd B ⸜ 6772 gern AB 6775 Hieten A, hæte H.; dienet B
6776 ich A, vnnss B

sprach dô der keiser rîche.
mit zühten wîselîche
die burger urlob nâmen,
6780 als sî dâ vor dar kâmen.
sî schieden von dem hove gar.
der keiser fuor mit sîner schar
dâ im der imbîz was bereit.
er enbeiz, als man mir seit.
6785 Dô der rœmische vogt,
dem nie wart laster ûz erbrogt,
ze Kölne enbeiz, er reit von dan.
der bischof unde sîne man
leisten im in lieber kraft
6790 mit dienst gesellschaft
für die stat hinz ûf den plân.
dâ sach man gruoz gên gruoze gân.
urlob nam der keiser dâ.
gên Megdeburc reit er sâ
6795 und buozte sîne schulde
der süezen gotes hulde
mit der phafheit râte.
fruo und dar zuo spâte
phlag er mit unmuoze
6800 gên gote sîner buoze.
nû dâhte er daz ditz mære
ein bezzerunge wære
der kristenheit, ob man ez schribe,
daz ez verborgen niht belibe.
6805 daz mære dô nâch im wart
offenbârlîch enbart
und mit der schrift behalten.

6777 k. wyse riche B 6778 wyssennliche B, witzekliche AH. 6780 sy dar under k. B 6783 der A, sin B 6786 erfrauget B 6790 dienste H. 6791 vntz BH. 6804 icht AH. 6806 offenberlich A, Offennbarlichen B, offenbærlîche H.

diu phafheit hiez es walten
nâch des keisers vergiht,
6810 daz ez uns verdurbe niht.
dô behielt diu schrift den hort,
des mæres wârheit unde wort.
der urkünde uns gewisheit gît
diu geschiht der selben zît.
6815 Wie ich ditz selbe mær vernam
und wie ez her ze lande kam,
des vernement die wârheit.
ez hât uns ein man geseit,
der ez alsus geschriben las
6820 daz ez gar behalten was
mit der schrift gewærlîche.
der fuor von Ôsterrîche,
der brâht ez her in ditz lant,
als er ez geschriben vant.
6825 der seit ez ze mære
dem werden Steinachære,
herrn Ruodolf, dem genamen mîn.
der bat mich durch den willen sîn
ditz mær in tiutsch berihten,
6830 in rehte rîme tihten.
dô begund ich ez durch in.
durch kurzwîl und durch mînen sin
leit ich dar an mîn arebeit,
durch werder liute werdekeit,
6835 durch werde man, durch werdiu wîp.
swer hab alsô getriuwen lîp,
sô diemüeten sin daz er

6808 es *fehlt* AB 6812 vnd A *fehlt* B 6813 wysshait B 6814 die AB
6815 selb AB; mære H. 6819 g. vand l. B 6822 fürst B 6823 brâhte
H.; ditze H. 6825 seite H. 6827 den namen B 6828 batt B, hiez
aus hat *korr.* A, hiez H. 6829 mære H. 6831 begunde H.; es B *fehlt* A
6832 D. k. durch gewin B 6836 habe sô H. 6837 denmütlich B

des mæres ze kurzewîle ger,
der lâze mîn lôn daz wesen,
6840 ob er ditz mære hœre lesen,
daz er mir günne alsolher gunst,
genieze ich inder mîner kunst,
daz ich einen danc bejage,
nâch dem ich warp ie mîne tage,
6845 und daz er vriuntlîch an mir
rüege, ob ich der kunst enbir
diu mit wîslîcher wîsheit
kunstlîcher lêre witze treit.
    Mir ist liep und bin es vrô,
6850 swer mîn unkunst rüegt sô
daz sîn rât ist sô vriuntlich
daz er an witzen bezzert mich;
des râte tuon ich volge schîn.
swer aber welle spotten mîn
6855 und machen mîniu mære
mit spotte wandelbære,
der unêret selben sich.
doch wil er vernemen mich,
sô ruoche sich des wol verstân
6860 des ich hie vor gesprochen hân:
swaz der man durch guoten muot
ze guote in guotem muote tuot,
daz man es im ze guote jehe
und niht sîn unfuoge spehe
6865 an unkunst, wan ez ist guot
swaz man durch got ze guote tuot.

6838 ze *übergesetzt* A *fehlt* BH.; kurtzwile BH.   6845 fruntliche B,
vriuntlîche H.   6846 rv̆g A, Rv̆che B   6848 Kuntlicher B, chvnstlich A
6849 vnd A, ich B   6850 rŭcht B, rüeget H.   6852 sich A   6854 wer
AB   6855 mine AB   6856 Mit spotten vnnd w. B   6857 selbe BH.
6858 Noch B   6863 ez im AH., jm ess B   6866 gott B, gv̆t AH.

an mich selben mein ich daz.
ich spræche, kunde ich, gerne baz.
dâ von sol man ez hân verguot.
6870 ich hæte des vil guoten muot
daz ich gerne spræche wol;
dâ von ez iu behagen sol.
ein ander spruch nâch disem gât,
den gît ouch mîn tumber rât,
6875 daz man daz rüemen lâze sîn;
wan an dem guoten wirt wol schîn
swer durch guotes herzen rât
guotes iht geprüevet hât.
  Des bin ich unerværet.
6880 ich hân iu hie bewæret
an dirre âventiure wol
daz niemen sich versprechen sol.
swer sich des kan behüeten niht,
verrüemet er sich, dem geschiht
6885 als dem keiser geschach,
dô er ze hôhe sich versprach,
und des koufmannes güete
mit rîcher dêmüete
sîne guottât über want.
6890 hie bî sult ir sîn gemant,
ob ir guotes iht getuot,
daz ir ez lâzent wesen guot
ân itewîze sunder ruon.
daz sult ir dêmüetlîchen tuon.

6867 mein A, nem B, meine H.   6870 hate AH.   6874 truwer B
6876 an den A, dem B   6878 gewürcket B   6879 *Kein Absatz* B   6879.
6880 vnuerserret : geweret B   6881.6882 *umgestellt* B   6883 dez A *fehlt*
B; iht B   6884 Dess rümet sich der g. B; verrvmt AH.   6886 ze hoff B
6887 An dess B   6890 sölt A, sonnd B   6892 irss l. B, ir l. ez A   6893
Ane ettwz B   6894 solt A, sonnd B; demvtiklich A, den miettenk-
lichen B, dêmuotlîche H.

```
6895    sô wirt iuwer dêmüete wert,
        dâ sî nâch ruome lônes gert.
        diu welt des ruomes wol vergiht,
        dâ guotes iht durch sî geschiht.
        ouch wirt von got im lôn bereit,
6900    swer im an rehter stætekeit
        dienet stæteclîche.
        nû wünschet al gelîche
        mit vreuden zühteclîche
        daz uns got in sîn rîche
6905    vrœlîchen sende
        ûz disem ellende.
        ouch gert der tihtære
        der iu ditz selbe mære
        ein teil durch guotes muotes rât
6910    ze kurzwîl getihtet hât
        daz ir im wünschet heiles,
        ze himel werndes teiles,
        und ruochent in geniezen lân
        daz er des hât vil guoten wân,
6915    wirt im ein anderz kunt getân,
        daz noch mac vil wol ergân,
        daz er dâ wil ze buoze stân,
        hât er an disem missetân.
        des bîtet ûf den selben wân
6920    und lât ditz hie ein ende hân.
```

6895 ivr AH.   6896 Dass B   6897 Du wöllest des r. v. B   6899 von
gûte jm so b. B   6900 im an A, in B   6902 alle AH.   6907 richerre B
6908 Der was des B; selb A, selben B   6910 kurzwîle H.   *nach* 6910
wiederholt A 6907   6912 himele H.   6914 het A   6916 *fehlt* B   6919
bitten B   6920 ein A *fehlt* B   *Nach* 6920 Got behv̈t den schribere   vor
hertzenlicher swere   Vn̄ mv̈z vns immer mit im geben   zehimel ewik-
lichez leben   Dvrch sin hîlige drî namen   dez wnschet alle vn̄ sprecht
A.M.E.N.   Wer nit wol scriben kan. der geit der veder die schulde dar
an. A   In der dryer namen Sprechend alle amen.   Deo gratias B

Bei Fragen zur Produktsicherheit wenden Sie sich bitte an:
If you have any questions regarding product safety,
please contact:

Walter de Gruyter GmbH
Genthiner Straße 13
10785 Berlin
productsafety@degruyterbrill.com